Ralf Dziewas
Bleib an meiner Seite

Ralf Dziewas

Bleib an meiner Seite

Ein Ratgeber für Besuche bei alten und kranken Menschen

R. BROCKHAUS

RB*taschenbuch Bd.* 599

Umschlaggestaltung: Ursula Stephan, Wetzlar
Umschlagfoto: Benelux - ZEFA, Düsseldorf
Gesamtherstellung: Breklumer Druckerei Manfred Siegel KG
ISBN 3-417-20599-9
Bestell-Nr. 220 599

INHALT

VORWORT

Wer einen Ratgeber für den ehrenamtlichen Besuchsdienst bei Alten und Kranken schreiben will, muss sich klarmachen, was ein solcher Ratgeber leisten kann und soll, denn es gibt weder *die* Alten noch *die* Kranken. Außerdem ist ehrenamtlicher Besuchsdienst nicht in allen gesellschaftlichen Bereichen gleich organisiert.

Dieser kleine Ratgeber will all jenen, die regelmäßig Besuche bei älteren oder kranken Menschen machen, praktische Ratschläge und Hintergrundinformationen an die Hand geben und zum Nachdenken über den eigenen Dienst anregen. Er will Grundkenntnisse darüber vermitteln, was für die langfristige Begleitung älterer und kranker Menschen wichtig ist, welche Probleme es dabei grundsätzlich gibt und wie man sinnvoll mit auftretenden Schwierigkeiten umgehen kann, soweit sie sich nicht vermeiden lassen.

Damit ist zugleich gesagt, was dieses Buch nicht leisten kann und soll: Es ist kein Handbuch, in dem zu allen Problemen eines Besuchsdienstes die passenden Antworten zu finden sind. Auch müssen aufgrund des begrenzten Umfangs einige spezielle Bereiche ausgeklammert bleiben, die zwar häufiger bei älteren Menschen auftreten, aber eine eingehendere Darstellung der Probleme notwendig machen würden. So kann dieser Ratgeber nicht auf die besonderen Zusammenhänge der Begleitung von Personen eingehen, die an fortschreitenden Demenzkrankheiten leiden. Hierzu gibt es ausführliche Spezialliteratur, mit der sich ohnehin beschäftigen muss, wer Menschen aus diesem Personenkreis langfristig begleiten will. Überhaupt sollen in diesem Buch nicht einzelne Krankheitsbilder im Vordergrund stehen, sondern die Grundprobleme, mit denen alle alten und kranken Menschen zu kämpfen haben, deren Kontaktmöglichkeiten nach außen durch ihre Lebensumstände eingeschränkt sind.

Die in diesem Buch vorgelegten Einsichten und Hilfen sind einer doppelten Erfahrungsbasis entwachsen. Zum einen bildet die Betreuung kranker Menschen die Mitte meines Dienstes als Krankenhausseelsorger. Dabei konnte ich die Lebensprobleme einer großen Zahl vor allem älterer Frauen und Männer kennen lernen. Zeitgleich habe ich als Pastor einer Ortsgemeinde auch ältere Menschen über längere Strecken hinweg begleiten dürfen und mich dabei in alle Fehler hineinbegeben, die man fast unweigerlich macht, wenn man eine solche Aufgabe erstmalig übernimmt.

Dieser Ratgeber ist aus dem Wunsch entstanden, anderen einige der Fehler, die vermeidbar sind, zu ersparen und denen, die bereits eigene Erfahrungen im Besuchsdienst gesammelt haben, eine Möglichkeit zu geben, über den eigenen Aufgabenbereich nachzudenken, eine Zwischenbilanz zu ziehen und vielleicht die eine oder andere Anregung aufzunehmen. Daneben aber will das Buch auch die Chancen herausstellen, die in der regelmäßigen Betreuung alter und kranker Menschen liegen. Den meisten ist überhaupt nicht bewusst, welche Bereicherung darin liegen kann, an der Lebenserfahrung von Senioren Anteil zu haben, ihr Leben kennen und verstehen zu lernen oder die besondere Sicht der Welt zu entdecken, zu der Menschen durch Leidenszeiten und Krankheitserfahrungen hindurch gelangt sind. Insofern will dieses Buch zugleich Mut machen, sich auf die Begleitung älterer und kranker Menschen einzulassen.

Mein Dank gilt in erster Linie all den Patientinnen und Patienten, die mir ihr Vertrauen schenkten, ihre Lebensgeschichte erzählten und von deren Lebenserfahrung ich in den letzten Jahren profitieren durfte. Um Verständnis möchte ich hingegen all die Mitglieder meiner Gemeinde bitten, die sich bei der Lektüre dieses Buches vielleicht wünschen mögen, ich hätte von Anfang an gewusst und beherzigt, was ich hier geschrieben habe. Ihnen bin ich dankbar, dass sie meinen Dienst in seiner Unvollkommenheit akzeptiert und mitgetragen haben.

Ein besonderer Dank aber gilt meiner Frau und meiner kleinen Tochter, die immer wieder dafür Verständnis aufgebracht haben, wenn ich plötzlich zu Patienten ins Krankenhaus gerufen wurde oder wenn durch andere Besuche die Zeit beschnitten wurde, die sie eigentlich mit mir verbringen wollten. Ohne ihre Unterstützung und ihr Verständnis wäre auch die Arbeit an diesem Ratgeber nicht möglich gewesen. Ich hoffe, dass sich im Gegenzug möglichst viel von dem, was ich bei meinen Besuchen bei Alten und Kranken lernen und erfahren durfte, auch für unser familiäres Zusammenleben positiv auswirken wird.

Widmen aber möchte ich dieses Buch allein meiner Frau Ruth, denn von ihr wünsche ich mir für den Rest meines Lebens, was zum Titel dieses Buches geworden ist: »Bleib an meiner Seite«.

Bernau, im Januar 2002 *Ralf Dziewas*

Kapitel 1

»Ich bin so allein …«

Die Notwendigkeit des Besuchsdienstes

»Bleib an meiner Seite …« Diesen Wunsch haben sicherlich fast alle Menschen, die mit einem Partner ihr Leben teilen und auf einen gemeinsamen Lebensabend hoffen. Diese Bitte richten Eltern an ihre Kinder, wenn sie alt werden und Unterstützung brauchen. Diese Hoffnung – dass immer jemand da ist, der einem zur Seite steht, einen begleitet, einem Hilfe und Beistand gibt –, sie ist gerade bei alten und kranken Menschen zugleich eine bedrängende Anfrage, denn nicht immer gibt es Partner, Freunde oder Familien, die dauerhaft an der Seite der älter werdenden Menschen bleiben.

Der Ehepartner stirbt, die Kinder ziehen weg, die über den Beruf gewonnenen Kontakte brechen ab. Am Ende stehen viele Senioren einsam und allein da, ohne Rückhalt und Unterstützung. Einsamkeit ist im Alter eine Erfahrung, die sehr viele Menschen machen, auch wenn dies in ihrer Umwelt nicht unbedingt wahrgenommen wird. Die Zeit, in der in den Familien oft mehrere Generationen unter einem Dach lebten, ist längst vorbei. Die Auflösung der klassischen Familienstrukturen hat die Zahl der Alleinlebenden stark ansteigen lassen und zu dieser Gruppe gehören viele allein stehende, alte Menschen. Da in der modernen, mobiler gewordenen Gesellschaft auch Familien nicht mehr dauerhaft an einem Ort bleiben, liegen durch berufsbedingte Umzüge oft weite Strecken zwischen dem Wohnort der Alten und dem ihrer Kinder und Enkel. Dies alles ist meist so lange kein Problem, wie die Altgewordenen reisen und am öffentlichen Leben teilnehmen können. Sie können dann von sich aus den Kontakt zur Familie halten, sich Freunde suchen oder sich einer Seniorengruppe anschließen. Doch sobald Alter und Krankheit die Mobilität einschränken, sobald es zunehmend schwerer fällt, die eigene Wohnung zu verlassen, reißen die Kontakte oft schneller ab, als dies erwartet wurde. Wenn diejenigen, die nun einsam werden, von sich aus die Verbindung zu ihren Freunden, Angehörigen und anderen Bezugspersonen nicht mehr pflegen können, dann brauchen sie Besuch. Dann ist es notwendig, dass sich jemand von außen um sie kümmert und die drohende Einsamkeit durchbricht.

In dieser Notwendigkeit liegen sowohl die Aufgaben als auch die Schwierigkeiten und Probleme des Besuchsdienstes begründet. Sie ergeben sich direkt aus der Lebenssituation der Alten und Kranken, die Ziel der Besuche sind. Es sind dies vor allem die älteren oder kranken Menschen, die nicht mehr allein oder nur noch eingeschränkt am öffentlichen Leben teilnehmen können, deren Bewegungsraum sich also mitunter weitgehend auf ihre eigenen vier Wände beschränkt.

Es sind also nicht die Alten an sich, nicht alle kranken Menschen, die eine Betreuung durch einen Besuchsdienst brauchen. Gerade in der Gruppe der Senioren finden sich die unterschiedlichsten Lebensweisen und Lebensstile, und die Möglichkeiten der Lebensgestaltung sind sehr verschieden, je nach dem, was die Gesundheit und der Geldbeutel zulassen. Während die einen auch jenseits der 70 noch rüstig und fröhlich um die Welt jetten oder sich im Rhythmus des Jahres der Gestaltung des eigenen Gartens widmen, sind andere für jeden Schritt außerhalb ihrer Wohnung auf Begleitung und

Hilfe angewiesen. Manche besuchen noch New York oder wandern durch die Alpen, andere kennen Amerika ebenso wie das Panorama der Berge nur noch aus dem Abendprogramm des Fernsehens. Während die einen jeden Tag der Woche mit Konzertbesuchen, Seniorenkreis, Fotoworkshop oder Kaffeefahrten verplanen, verbringen die anderen die meiste Zeit allein und in der Hoffnung, dass sich irgendetwas ereignen möge im Einerlei der sich ähnelnden Tage.

Die Vielfalt der Lebensentwürfe, die die moderne Gesellschaft prägt, zeigt sich auch bei den Altgewordenen, jedoch nur, solange es die Gesundheit zulässt. Zugleich gibt es ein durch Fernsehen, Werbung und andere Medien vermitteltes Idealbild vom Alter, an dem auch die ihr Leben messen, die mit gesundheitlichen und finanziellen Einschränkungen leben müssen. Die Werbeindustrie zielt heute auch auf die Kaufkraft der älteren Generation, aber sie präsentiert dabei ein Seniorenbild, das ausschließlich von Vitalität und Lebensfreude geprägt ist. Man sieht die strahlende Oma im Kreis der Familie ihren Kaffee trinken, man bekommt den ergrauten Frührentner präsentiert, der sich von seiner Zusatzrente nun endlich die erwünschte Segeljacht gekauft hat, oder man sieht das älter gewordene Ehepaar mit Sekt anstoßen, weil es gerade noch einmal in eine neue Eigentumswohnung investiert hat.

Dieses Werbebild des aktiven, gesunden Senioren wird in der allgemeinen Wahrnehmung noch durch die Statistiken gestützt, die belegen, dass Männer wie Frauen eine ständig wachsende Lebenserwartung haben und länger aktiv und mobil sein können. Zudem kann die jetzt ältere Generation im Durchschnitt über mehr Kapital verfügen als jede Altengeneration zuvor. Doch mit der Anzahl der Hochbetagten steigt auch die Zahl der Alleinlebenden wie die Zahl der Altenheimbewohner, und die finanziellen Möglichkeiten sind im Alter nicht weniger ungleich verteilt als in jungen Jahren. Während die einen ihren Lebensabend in vollen Zügen genießen können, sehen die anderen einen langen Lebensabschnitt vor sich, der von Einsamkeit und Einschränkungen, ja mitunter von Schmerzen und vielfachen Krankenhausaufenthalten oder einer dauerhaften Pflegebedürftigkeit geprägt ist. Wo die einen endlich Zeit finden, ihr aufgebautes Vermögen zu genießen, müssen andere mit minimalen finanziellen Mitteln auskommen.

Es ist diese Spannweite im Erleben des Alters, die einen Besuchsdienst bei denen notwendig macht, die dem Bild des rüstigen Alten nicht mehr entsprechen können. Gerade die, die abgeschnitten sind vom gesellschaftlichen Leben – zugleich aber am Fernseher jeden Abend gezeigt bekommen, welche Möglichkeiten sie hätten, könnten sie, wie sie wollten –, gerade die brauchen Menschen, mit denen sie wirklich etwas erleben können. Nicht nur am Telefon zu hören, wer gerade bei wem zu Besuch war, sondern selbst Besuch zu bekommen, ist wichtig für diesen Kreis von Alten. Nicht nur in der Kaffeewerbung eine glückliche Familie vorgeführt zu bekommen, sondern selbst einen lieben Gast zu empfangen, ihm vielleicht einen Kaffee anzubieten und einzuschenken, ist dann eine Krönung des ansonsten ereignisarmen Alltags.

Besuch zu bekommen, das heißt teilnehmen dürfen am Leben. Der unmittelbare Kontakt mit jemandem, der zuhört, den man fragen kann, der mitlacht oder Enttäuschung und Verbitterung versteht, ein Gegenüber, das direkt auf Worte und Gesten reagiert, ist durch nichts zu ersetzen. Weder die gute Freundin am Telefon, noch der rege Briefkontakt mit alten Bekannten kann das lebendige, mit allen Sinnen spürbare, echte Gespräch ersetzen. Und dabei sind nicht so sehr das Thema des Gesprächs oder die Tiefe der Gedanken oder die Stimmung entscheidend, sondern der direkt erlebte Kontakt, die unmittelbare Zuwendung.

Aus der Perspektive des Besuchten wird der Besuch als Geschenk wahrgenommen: Wenn jemand zu mir kommt, teilt er ein Stück seines Lebens mit mir, er widmet mir dieses Stück seiner Lebenszeit. Ein Besuch ist ein Geschenk, weil niemand diese gemeinsame Zeit wieder zurücknehmen kann. Und deshalb wird ein solches Anteilgeben am Leben auch als besonders wertvoll erlebt. Vor allem diejenigen, die nur selten erleben, dass jemand sich für sie Zeit nimmt, wissen diese Momente geschenkter Besuchszeit sehr zu schätzen.

Gerade weil die ehrenamtlichen Helferinnen und Helfer im Besuchsdienst einen Teil ihrer Lebenszeit einsetzen, sie jemand anderem widmen, gerade deshalb enthält jeder ihrer Besuche einen Ausdruck von Wertschätzung. Und diese Aufwertung des Besuchten haben viele alte Menschen bitter nötig, denn wer ein Leben lang in Gemeinschaft mit anderen gelebt hat, empfindet Alterseinsamkeit zugleich auch als ein Zeichen der Missachtung. Viele Senioren beklagen sich, dass niemand Zeit für sie hat, meinen aber letztlich, dass niemand sie eines Besuchs für wert erachtet: Offenbar bin ich nicht mehr interessant, offenbar nütze ich niemandem mehr, folglich bin ich wertlos. In dieser Weise wird oft der Verlust von Außenkontakten im Alter als Entwertung eines alt gewordenen Menschen erlebt.

Gerade im Vergleich mit den jüngeren, aktiveren, leistungsfähigeren Altersgenossen, aber auch im Rückblick auf frühere körperliche Stärke oder berufliche Bedeutung erleben

Hochbetagte ihren letzten Lebensabschnitt als wertlose Zeit. Weil sie sich nur noch als Last für andere erleben, anstatt selbst Lasten tragen zu können, sinkt ihr eigenes Wertempfinden. Wenn dann auch ihre gewonnene Lebenserfahrung von den jüngeren Generationen nicht mehr abgefragt wird, ihre Altersweisheiten niemanden interessieren, dann kann das Gefühl, wertlos zu sein, bestimmend werden. Dann glaubt der einsame alte Mensch am Ende selbst, dass er uninteressant ist und seine Lebenserfahrung nichts bedeutet. Das lässt ihn bitter werden und schränkt vielleicht die wenigen bestehenden Kontakte noch weiter ein.

Es gibt aber auch Senioren, die mit einem Minimum an sozialen Kontakten auskommen und gerne allein leben. Diese Alten werden vielleicht nur sehr zurückhaltend auf ein Besuchsangebot reagieren. Aber auch sie erleben die Anfrage, ob Besuch erwünscht sei, als Ausdruck ihrer Wertschätzung: Da ist jemand, dem ich nicht gleichgültig bin, eine Person, die ein Auge auf mich hat, die ich vielleicht einmal anfragen kann, wenn es mir schlechter gehen sollte. Da gibt es offenbar jemanden, der zur Verfügung steht, wenn ich einmal Besuch brauche.

Ein regelmäßiger Besuchsdienst ist also notwendig für die, die bei nachlassenden Kräften oder aus Krankheitsgründen nicht mehr regelmäßig am öffentlichen Leben teilnehmen können. Der Besuch bedeutet für sie einen lebendigen direkten Draht zur Außenwelt und er signalisiert ihnen: Du bist immer noch wertvoll und wichtig.

Diesen Dienst an den Alten und Kranken haben in der Vergangenheit vielfach die christlichen Kirchen abgedeckt, und dabei sind viele Einrichtungen der institutionellen Diakonie entstanden. Kirchen und Gemeinden vieler Konfessionen unterhalten als Träger Krankenhäuser und Altenheime. Doch neben der professionellen Betreuung alter und kranker Menschen in den diakonischen Einrichtungen haben in den christlichen Gemeinden immer wieder ehrenamtliche Besuchsdienste die Lücken gefüllt, die durch staatliche Wohlfahrtseinrichtungen und diakonische Werke allein nicht abgedeckt werden konnten.

Unter Einsatz von viel Zeit und Hingabe haben vor allem Frauen immer wieder für sich die Aufgabe entdeckt, diejenigen zu besuchen, die nicht mehr aktiv am öffentlichen Leben teilnehmen können. Gerade in den Seniorenkreisen der Gemeinden, in denen wahrgenommen wird, wer aus Krankheits- oder Altersgründen nicht mehr zum Gottesdienst und den gemeinsamen Veranstaltungen kommen kann, finden sich Menschen bereit, Besuche zu machen, Grüße zu übermitteln und vom Gemeindeleben zu erzählen. Doch auch im säkularen Bereich gibt es solche Besuchsdienste. Auch in Vereinen, Parteien, Gewerkschaften, Sozialdiensten und anderen Organisationen, die in der Altenarbeit aktiv sind, kümmern sich ehrenamtliche Helferinnen und Helfer oft mit viel Engagement um einsame alte Menschen.

Doch allzu häufig wird dieser Besuchsdienst von der Öffentlichkeit und den Organisationen, in denen er geschieht, wenig wahrgenommen. Selbst da, wo dieser Dienst von vielen Helfern treu getan wird, findet er mitunter wenig Aufmerksamkeit, wenig Lob und meist noch weniger materielle Unterstützung. Die ehrenamtlichen Mitarbeiterinnen, denn meist sind es Frauen, investieren in ihre Besuche viel Zeit und Mühe, geben den Besuchten Zuwendung und Anteilnahme, aber kaum jemand registriert die vielen Stunden am Krankenbett, die unzähligen Gespräche am Kaffeetisch. Oftmals werden nicht einmal die Auslagen für die mitgebrachten Blumen und den Kuchen oder die Fahrtkosten zum Altenheim erstattet.

Und weil die Öffentlichkeit den Dienst, der ehrenamtlich geschieht, kaum bemerkt, deshalb fehlt auch vielfach die notwendige Zurüstung und Vorbereitung für diesen Besuchsdienst. Manche beginnen ohne Vorbereitung mit ersten Besuchen, voller Enthusiasmus und mit den besten Vorsätzen, doch auf Dauer bestehen oft nur die die Anforderungen dieser Aufgabe, die dafür persönlich besonders geeignet oder durch eine soziale Ausbildung vorbereitet sind. Viele geben nach kurzer Zeit auf, weil sie die Schwere der Arbeit unterschätzt haben oder erkennen müssen, dass ihnen die Zeit fehlt, die geknüpften Kontakte im gewünschten Umfang fortzusetzen. Manche fühlen sich der Belastung nicht gewachsen, die das Zuhören und Anhören von Lebensgeschichten und Lebensschicksalen mit sich bringt. Die meisten ehrenamtlichen Mitarbeiter entwickeln im Laufe der Zeit ihre eigenen Strategien, um den Besuchsdienst als kontinuierliche Aufgabe in ihr Leben zu integrieren, aber sie spüren zugleich, dass sie dem Erwartungsdruck bei den Alten und Kranken nicht entsprechen können. Andere wieder leiden mit der Zeit darunter, dass die Gespräche mit Alten und Kranken nicht einfach beendet sind, wenn man geht, sondern dass mancher quälende Gedanke, manche offene Frage einen auch durch den weiteren Alltag oder eine schlaflose Nacht verfolgen kann.

Sich auf Menschen einzulassen, die ansonsten meist wenig Außenkontakte haben, ist anstrengend, und wer ein offenes Ohr für die Nöte dieser Personen entwickelt, an dem gehen die Klagen und Sorgen der Besuchten nicht spurlos vorbei.

Deshalb brauchen jene, die vor einem Einstieg in die Seniorenarbeit stehen oder für sich die Aufgabe sehen, Alte und Kranke zu besuchen, Informationen und Unterstützung, um Fehler nach Möglichkeit vermeiden zu können. Denen, die neu mit solchen Besuchen beginnen, sollen die folgenden Kapitel Einsichten und Erfahrungen an die Hand geben, die es leichter machen, diesen Dienst so zu tun, dass er sich auch auf Dauer mit dem eigenen Leben vereinbaren lässt. Diejenigen, die diesen Dienst bereits länger tun und um die vorhandenen Schwierigkeiten und Probleme wissen, sind bei der Lektüre dazu eingeladen, über ihre eigenen Erfahrungen nachzudenken und dabei auf die eine oder andere positive Anregung oder Einsicht zu stoßen, die sich vielleicht als hilfreich für die nächsten Besuche und für die weitere Gestaltung des eigenen Besuchsdienstes erweisen kann.

Kapitel 2

»Wenn ich dich nicht hätte ...«

Anforderungen und Chancen

Bisher hat in unserer Gesellschaft eigentlich erst eine Gruppe die Notwendigkeit und die Chancen eines ehrenamtlichen Besuchsdienstes für sich entdeckt: Zumeist sind es Frauen in der zweiten Lebenshälfte, die sich in diesem Bereich engagieren. Manche bringen Erfahrungen aus der Pflege eigener Familienangehöriger mit, andere suchen nach der Kinderphase eine neue Herausforderung und finden im sozialen oder kirchlich-diakonischen Dienst an alten Menschen einen Bereich, in dem sie gebraucht werden und ihre Fähigkeiten einsetzen können. Daneben gibt es noch die große Gruppe derer, die sich beruflich im sozialen und pflegerischen Bereich der Begleitung und Betreuung von Senioren widmen. Aber auch in diesem Umfeld arbeiten bisher überwiegend Frauen.

Aber auch wenn bisher der Besuchsdienst meist von Frauen getan wird, die Chance, ältere Menschen auf Dauer zu begleiten, steht durchaus auch anderen Gruppen offen. Zumeist sind es nur die traditionellen Rollenbilder, die die Betreuung der älteren Generation in die weibliche Sphäre verweisen. Die Möglichkeiten, die sich aus einem ehrenamtlichen Besuchsdienst ergeben, würden erheblich erweitert, wären nicht nur Frauen die Besuchenden. Gerade Jugendliche könnten von der Lebenserfahrung von Senioren in besonderer Weise profitieren und zugleich den Altgewordenen ein

Fenster zur Generation ihrer Enkel öffnen und zum gegenseitigen Verständnis von Alt und Jung beitragen. Und manch ein Mann könnte sicherlich auch in anderen Lebensbereichen von dem notwendigen Einfühlungsvermögen und Verständnis profitieren, das er bei der Begleitung älterer und kranker Menschen entwickeln würde.

Als Jugendlicher habe ich für längere Zeit einmal in der Woche eine ältere Dame aus meiner Gemeinde besucht, um bei ihr eine Jugendsendung im Fernsehen zu schauen. Sie hatte einen Farbfernseher, bei dem die Dschungelgeschichten viel besser wirkten als auf dem alten Schwarz-Weiß-Gerät, das meine Eltern damals noch hatten. So knabberte ich bei der alten Frau Kekse, schaute mit ihr zusammen fern und erfuhr am Rande eine ganze Menge interessanter Dinge über frühere Zeiten und über das Leben aus der Sicht meiner Großelterngeneration. Und ich denke, für die alte Frau war das, was ich aus der Schule und meinem Alltag erzählte, auch nicht uninteressant.

Grundsätzlich ist jedermann dazu in der Lage, ältere und kranke Menschen zu begleiten, denn dabei geht es zunächst einmal darum, sich einem anderen Menschen zu widmen, Zeit mit ihm zu verbringen und miteinander ins Gespräch zu kommen – soziale Eigenschaften, über die eigentlich jeder verfügen sollte, der nicht völlig kontaktarm lebt. Dennoch ist es nicht selbstverständlich, dass eine längerfristige Begleitung wirklich geschieht und gelingt, weil mitunter falsche Vorstellungen davon bestehen, was man für eine solche Begleitung können und investieren muss und was am Ende an persönlichem Gewinn dabei herauskommen kann. Oftmals kann vorab nicht realistisch eingeschätzt werden, was man selbst zu leisten im Stande ist und was einen erwartet, wenn man einige Stunden der eigenen freien Zeit einem oder mehreren alt gewordenen Menschen widmen möchte oder soll.

Zunächst einmal gibt man Zeit, und dieser Beitrag ist nicht zu unterschätzen, denn Zeit ist unersetzbar, und deshalb hat der Spruch »Zeit ist Geld« durchaus seine Berechtigung. Wie Geld kann man Zeit nur einmal ausgeben. Die Zeit, die man einem Menschen widmet, ist wertvolle Zeit, denn sie könnte auch für anderes eingesetzt werden. Und es wird nicht nur Zeit für diese Arbeit investiert, sondern auch noch darauf verzichtet, aus dieser Zeit anderweitig Gewinn zu ziehen. Jedenfalls gilt dies für finanziellen Gewinn, denn was man im Besuchsdienst persönlich gewinnen kann, liegt vor allem auf der ideellen Ebene der Bereicherung durch Erfahrung und Lebenssinn.

Wer sich im Besuchsdienst engagiert, investiert aber nicht nur Zeit, sondern übernimmt auch Verantwortung für eine andere Person. In dem Märchen vom kleinen Prinzen findet sich die Einsicht: »Ich bin verantwortlich für das, was ich mir vertraut gemacht habe.« Wo Vertrauen entsteht und wächst, werden Menschen füreinander wichtig, übernehmen sie Verantwortung füreinander. Aus einer Reihe von Besuchen entsteht mit der Zeit die Verpflichtung, die gewachsene Beziehung nicht einfach abzubrechen. Gerade bei älteren Menschen ist es wichtig, dass sie ihre Bezugspersonen über einen längeren Zeitraum behalten, da sie auf der anderen Seite erleben müssen, wie immer mehr ihrer Altersgenossen, ihrer Freunde und Verwandten sterben oder aus Alters- und Krankheitsgründen keinen Kontakt mehr zu ihnen halten können.

Deshalb ist Kontinuität ein zentraler Punkt für den Besuchsdienst. Es ist nicht damit getan, sich immer mal wieder irgendwo ein paar Stunden frei zu machen, um irgendjemanden zu besuchen. So gerne jeder Besuch von denen angenommen wird, die viel allein sind, auf die Dauer hilfreich ist der Besuchsdienst besonders dann, wenn eine feste Begleitung entsteht, die dem alten Menschen das Gefühl gibt: Im Notfall ist jemand da, auf den ich mich verlassen kann.

Deshalb sollte die im Besuchsdienst wachsende Beziehung nach Möglichkeit nicht aus persönlichen Gründen abgebrochen werden müssen. Der Idealfall wäre sicherlich, dass man diejenigen, die man begleitet, bis zum Tod immer wieder besuchen könnte. Diese offene Perspektive einer vertrauensvollen Begleitung bis zum Lebensende ist das größte persönliche Geschenk, das man einem Menschen in seiner letzten Lebensphase machen kann. Aber das kann und sollte am Anfang niemand versprechen, denn es kann immer persönliche Gründe geben, die ein Ende einer Begleitung unumgänglich machen, selbst wenn dies dann für beide Seiten schwierig und schmerzhaft ist.

Was man für den Besuchsdienst also gibt und letztlich wohl auch einbringen muss, ist Zeit über einen längeren Zeitraum hinweg. Dies ist die zentrale Anforderung an jede und jeden im ehrenamtlichen Besuchsdienst: dass man sich in der eigenen Lebens- und Zeitplanung die Zeit zum Besuch immer wieder neu nehmen und einen festen Zeitrahmen dafür von anderen Verpflichtungen freihalten muss. Was einem dafür geschenkt wird, kann dann sehr unterschiedlich sein, je nachdem, wie sehr man sich öffnet und vom anderen zu lernen bereit ist. Wer das nötige Interesse und die Offenheit für eine andere Person mitbringt, bereit ist, sich die Lebensgeschichten und Erfahrungen der älteren Generation erzählen zu lassen, bekommt Einsichten geschenkt, die selbst zu erwerben Jahrzehnte dauern würde.

Wer versucht, die Entscheidungen und Denkweisen der älteren Menschen zu verstehen, wird mit einer neuen Sicht der Dinge belohnt. Wer sich durch Offenheit und Verständnis das Vertrauen eines alten Menschen erwirbt, kann mit dessen Augen das Leben aus einer neuen Perspektive entdecken.

Nicht dass diese Erfahrung die eigene Sicht der Dinge immer umkrempeln muss, bereichern wird es die eigene Lebenserfahrung allemal. Wer Anteil am erfahrungsgesättigten Leben eines hochbetagten Menschen nimmt, kann zum Beispiel das Verständnis der eigenen Geschichte auf eine Weise vertiefen, die sonst nicht möglich ist. Wer Zeitzeugen zuhört, ihren Erzählungen lauscht und die von ihnen geschilderten Hoffnungen, Gefühle und Erfahrungen aufnimmt, wird die Vergangenheit mit anderen Augen sehen als derjenige, der Krieg, Vertreibung, Wiederaufbau oder andere Abschnitte der Geschichte des letzten Jahrhunderts nur aus Büchern und Fernsehdokumentationen kennt.

Wer im Gespräch mit einem alten Menschen die Möglichkeit hat, sich mit der Denkweise seiner eigenen Eltern- oder Großelterngeneration auseinander zu setzen, kann darüber hinaus sich selbst und die eigenen Prägungen besser verstehen und hinterfragen lernen, als dies ohne unmittelbare Kommunikation mit den Älteren möglich wäre. Oftmals wird man bei einem Menschen, der nicht mit einem verwandt ist, die Erfahrung machen, dass man ihn viel mehr über die Vergangenheit und damit auch über die eigene Familiengeschichte fragen kann als die eigenen Eltern und Großeltern, denen man manche Fragen mitunter nicht stellen kann oder mag oder die einem vielleicht niemand aus der eigenen Familie beantworten würde.

Nicht zuletzt birgt das Nachdenken und Reden über das Leben eines alt gewordenen Menschen auch immer eine große Chance für ein neues Nachdenken über sich selbst. Wenn jemand am Ende seines Lebens die Folgen von Lebensentscheidungen bewertet und an das Gelingen und Scheitern der eigenen Hoffnungen und Pläne zurückdenkt, dann kann dies jedem Zuhörer und Gesprächspartner dabei helfen, sich selbst immer wieder neu in Frage zu stellen: Wie tragfähig und zukunftsträchtig mögen angesichts dieser Lebenserfahrungen meine eigenen Lebensentscheidungen sein? Wie realistisch sind meine eigenen Pläne und Hoffnungen? Als wie tragfähig mögen sich in Krisenzeiten meine eigenen Anschauungen und Glaubensüberzeugungen erweisen? Was wird für mich bei einer späteren Rückschau einmal das Wichtigste in meinem Leben sein?

In den Besuchsdienst bei alten und kranken Menschen investierte Zeit ist niemals verschenkte Zeit. Wenn der Besuch nicht nur ein Hereinschauen, sondern ein sich Hineinbegeben in das Leben des Besuchten ist, kann der Gewinn auch für den Besuchenden groß sein. Wo der Austausch von Zeit gegen Erfahrung, von Zuwendung gegen Vertrauen gelingt, gehen im Besuchsdienst am Ende beide Seiten als Beschenkte auseinander. Doch setzt dies eben voraus, sich wirklich auf den anderen einzulassen und über einen längeren Zeitraum an seiner Seite zu bleiben. Es sind somit Offenheit und Verbindlichkeit, die für beide Seiten im Besuchsdienst die größten Chancen und Möglichkeiten eröffnen.

Kapitel 3

»Mit dir kann man so gut reden …«

Zuhören als wichtigste Fähigkeit

Der Besuchsdienst bei alten und kranken Menschen will letztlich die Isolierung im Alter durchbrechen und denen einen Kontakt zur Außenwelt ermöglichen, die von intensiveren persönlichen Beziehungen weitgehend abgeschnitten sind. Zwar leben die wenigsten Menschen wirklich allein, doch selbst da, wo Verwandte in der Nähe wohnen, manchmal alte Bekannte vorbeischauen oder Reste alter Nachbarschaftsstrukturen noch ein Minimum an Außenkontakten sicherstellen, selbst dort besteht oftmals ein Mangel an echten Gesprächsmöglichkeiten.

Fehlende Kommunikationsmöglichkeiten lassen sich auch durch die modernen Medien nur unzureichend ersetzen. Zwar können heutzutage die meisten Senioren auch bei körperlichen Einschränkungen ihr Informationsbedürfnis durch Zeitung, Fernsehen oder Radio decken. Sie sind nicht mehr völlig von der Außenwelt isoliert, wenn sie ihre Wohnung nicht mehr regelmäßig verlassen können. Aber diese Art der Teilnahme an dem, was in der Welt vor sich geht, ist nur ein indirektes, passives Anteilnehmen an der Welt. Das Fernsehen lässt zwar die weite Welt über den Bildschirm flimmern, und das Radio liefert regelmäßig die neuesten Informationen über alle interessanten Bereiche des Lebens, und wer noch Zeitung lesen kann, kann sich auch noch in Hintergrundberichte vertiefen und sich über das lokale Geschehen informieren, aber alle diese Medien lassen keine direkte Reaktion zu. Niemand steht für Nachfragen, Anmerkungen und Widerspruch zur Verfügung. Das Angebot ist einseitig, auch wenn es vielfältig präsentiert wird, denn auch die modernen Massenmedien bieten nur Einwegkommunikation.

Dem an sein Bett oder seine Wohnung gefesselten Menschen stehen alle Informationskanäle offen, aber niemand hilft bei der Bewältigung der auf ihn einstürzenden Informationsflut. Es fehlt ein direkter Gesprächspartner, der hilft, das Gesehene zu verarbeiten, das Gehörte einzuordnen und auf seine Bedeutung abzuklopfen. Ohne ein direktes Gegenüber ist es schwer, wesentliche Informationen von Unwichtigem zu unterscheiden, und wenn die Mehrzahl der Nachrichten und Sendungen keine echte Bedeutung für das eigene Leben hat, wächst trotz Fernsehen und Zeitung der Graben zwischen dem tristen Grau der selbst erlebten Realität und den bunten Farben der Medienwelt.

Da nach wie vor nur wenige Senioren den Computer als Kommunikationsmedium nutzen und E-Mail und Chat zumeist noch den jüngeren Nutzern vorbehalten sind, ist das Telefon für viele Alte die einzige aktiv nutzbare Verbindung zur Außenwelt. Doch auch das Telefon ist ein begrenztes Medium, das einen im Raum anwesenden Gesprächspartner nur teilweise ersetzen kann. Zwar sind am Telefon Aktion und Reaktion möglich und es kann sich ein echter Austausch entwickeln, aber ein Telefonat ist dennoch kein vollständiges Gespräch. Der andere ist nicht anwesend, seine Körpersprache wird nicht übermittelt und man kann ihn weder sehen noch berühren. So lassen sich bei einem Telefonat Gefühle wesentlich schlechter wahrnehmen, als wenn man sich direkt gegenübersitzt. Tränen kann man nicht übersehen, aber das leichte Zittern der Stimme am anderen Ende der Leitung ist leicht zu überhören.

Gerade das Gespräch über leidvolle Erfahrungen ist am Telefon schwierig, und manche Themen können dort kaum oder gar nicht besprochen werden. Auch die Klage angesichts der eigenen Einsamkeit und Hinfälligkeit ist über den Telefonhörer nur schwer zu vermitteln. Wenn man im direkten Gespräch den anderen wie ein Häuflein Elend vor sich sitzen sieht, kann einem das Leid des anderen geradezu körperlich wehtun. Am Telefon können einem dieselben Worte wie das ewig gleiche Gejammere und Genörgele eines nur unzufriedenen Gegenübers erscheinen. Man sieht nicht, wie er um Fassung ringt und seine Tränen zu unterdrücken versucht, man fühlt nicht die bedrückende Enge seiner Behausung, riecht nicht die Folgen von Einsamkeit und Vernachlässigung, blickt nicht in die Augen der Person mit der man spricht.

Dies alles sind Gründe, warum das Telefon kein vollwertiger Ersatz für einen Besuch sein kann. Man kann sich am Telefon zwar sagen, dass der andere einem viel bedeutet, aber man kann ihn nicht in den Arm nehmen, ihn nicht berühren, ihn nicht stützen oder ihm ein Taschentuch reichen, wenn er weint. All dies aber ist möglich während eines Besuchs, wenn der Besuchende Zeit mitbringt und die Fähigkeit besitzt, aktiv zuzuhören. Die Fähigkeit des aktiven Zuhörens ist das Wichtigste, was ein Besucher mitbringen kann, wenn er zu Menschen geht, die sonst keine Möglichkeit haben, sich intensiv zu unterhalten, ihre Gefühle auszudrücken und über ihre Erlebnisse im Gespräch nachzudenken.

Besuchszeit ist Zeit für den anderen, Zeit für den Besuchten. Der Besucher oder die Besucherin machen sich auf den Weg zum anderen, und dies wird vor allem dann als Zeichen großer Wertschätzung erlebt, wenn nicht nur der äußere Weg gegangen wird, sondern der Besuch sich auch innerlich auf sein Gegenüber wirklich einlässt. Dem anderen zu zeigen, dass jetzt nur er wichtig ist, dass er im Mittelpunkt stehen darf, gelingt aber vor allem durch aktives Zuhören. Solange die Besuchten zu Wort kommen, ihre Gefühle und Erlebnisse, ihre Sichtweisen, Fragen und Überzeugungen Raum im Gespräch finden, solange ist der Besuchsdienst wirklich Zeit für den anderen.

Auf keinen Fall sollte ein Besuch dazu dienen, dass der Besuchende in der guten Absicht, dem anderen die Zeit zu vertreiben, auf den Besuchten einredet, ihn mit Neuigkeiten überschüttet, ihm Anteil gibt an dem, was ihn selbst gerade bewegt. Der Besuchte wird sich dabei am Ende wie ein Statist in einem Schauspiel vorkommen, das in seiner Wohnung stattfindet. Er mag sich nach dem Besuch ähnlich fühlen wie nach einer Talkshow, die er im Fernsehen betrachtet hat. Es war vielleicht interessant, aber niemand hat ihn nach seiner Meinung gefragt, niemand hat ihn ins Gespräch gezogen, und der Versuch, sich Gehör zu verschaffen, fand keine Resonanz.

Ich weiß, ich übertreibe, wenn ich die Situation so skizziere, aber ich habe bei mir selbst und bei anderen immer wieder beobachtet, wie aus eigener Unsicherheit und dem Unvermögen, sich dem anderen wirklich zu öffnen, ein unaufhaltsamer Redefluss entstand. Oftmals steht dahinter die uneingestandene Angst vor dem, was mir begegnen mag, wenn der andere die Gesprächsführung übernimmt, wenn das zur Sprache kommt, was ihn in seiner Situation bewegt. Vielleicht sind es leidvolle Erfahrungen, Trauer und Sorgen, vielleicht Gefühle, mit denen ich nicht umzugehen weiß. Solange ich rede, brauche ich mir nichts Schweres, nichts Belastendes, nichts Unerwartetes anzuhören. Solange ich von mir rede, bewege ich mich auf sicherem Terrain.

Wenn aber der andere sein Herz ausschütten kann, wenn seine Nöte auf den Tisch kommen, dann kann ich nicht im Voraus absehen, wie ich darauf reagieren werde, was diese Erzählungen bei mir auslösen können. Vor allem aber muss ich, wenn ich mich wirklich auf den anderen einlasse, mit der Unsicherheit leben, dass ich an Punkte kommen kann, in denen ich nicht weiß, was ich sagen soll. Es kann dann zu Gesprächssituationen kommen, in denen ich nicht die richtigen Worte finde, mir kein passender Spruch mehr einfällt und meine Betroffenheit mir die Sprache verschlägt.

Solche Situationen lösen Angst aus. Angst vor der Stille im Gespräch, vor dem Würgen im Hals, das einem das Reden fast unmöglich macht. Und um solche Momente zu vermeiden, unterliegen wir leicht der Versuchung, dem Gespräch vorher eine Wendung zu geben, indem wir selbst von anderem erzählen, eigene, positive Erfahrungen einstreuen oder mit guten Ratschlägen die Probleme des anderen zu lösen versuchen, bevor er sie in seiner ganzen Bedrohlichkeit überhaupt zur Sprache bringen kann.

Doch gerade in solchen Situationen, in denen leidvolle Erfahrungen zur Sprache kommen, ist aktives Zuhören wichtiger als die Suche nach passenden Worten, denn für viele negative Erfahrungen gibt es keine richtigen Worte, keine leichten Antworten, keine schnell präsentierbaren Lösungsvorschläge. Wenn selbst die Betroffenen nach Worten ringen, wenn Tränen drohen oder das Gespräch an kritischen Punkten zu stocken scheint, dann ist Schweigen und Zuhören oft besser als alles Reden, selbst wenn es in noch so guter Absicht geschieht.

Wenn die Besuchszeit wirklich Zeit für den Besuchten sein soll, dann muss er in dieser Zeit auch sein Herz ausschütten und sich das von der Seele reden dürfen, was ihn bedrückt. Nicht dass dies sein muss oder unbedingt passieren sollte, aber zumindest die Offenheit dafür sollte vorhanden sein. Und diese Offenheit lässt sich durch nichts stärker signalisieren als durch die Bereitschaft aktiv zuzuhören. Nur wenn der andere die Möglichkeit hat, alles zur Sprache zu bringen, was ihn bewegt, ist die Besuchszeit wirklich seine Zeit.

Wenn bisher stets vom aktiven Zuhören die Rede war, dann deshalb, weil es natürlich nicht nur darum gehen kann, schweigend dabeizusitzen und den anderen reden zu lassen. Zu einem Gespräch gehören immer mindestens zwei aktive Teilnehmer, selbst wenn einer von beiden mehr redet als der andere. In einem intensiven Gespräch hat auch der Zuhörer eine aktive Rolle. Er ermöglicht dem anderen, zu erzählen, zu erklären, sich und seine Gefühle darzustellen. Der aktive Zuhörer gestaltet das Gespräch mit, indem er dem anderen zeigt, dass sein Reden Gehör und Interesse findet.

Ein solches aktives Zuhören scheint bei manchen Menschen eine natürliche Gabe zu sein. Bei ihnen haben sich schon immer alle ausgeweint, und wenn jemand Kummer hat, weiß er, hier finde ich ein offenes Ohr für meine Nöte. Aber die Fähigkeit, aktiv zuzuhören, ist auch erlernbar, und wer sich bei der Begleitung alter und kranker Menschen engagiert, sollte gerade diese Fähigkeit erlernen und immer wieder neu trainieren.

Zunächst einmal gehört zum aktiven Zuhören ein ehrliches Interesse am anderen. Nicht immer ist gleich auf Anhieb deutlich, was interessant an meinem Gegenüber sein könnte. Aber es gibt keinen Menschen, vor allem keinen alten Menschen, der nicht ein interessantes Leben gehabt hätte. Letztlich hängt es vom spürbaren Interesse des Zuhörers ab, ob er dieses Leben erzählt bekommt, ob der alte Mensch seine Lebenserfahrungen, seine freudigen wie seine traurigen Erlebnisse mitteilen will. Jedes Lebensschicksal ist einmalig, jeder Lebenslauf unwiederholbar. Dementsprechend gibt es auch nur originelle Lebenserfahrungen, selbst wenn manches auf den ersten Blick typisch und altmodisch zu sein scheint. Wenn ältere Personen auf ihr konkretes, gelebtes Leben zurückblicken, kann jeder Zuhörer immer wieder interessante, spannende und bewahrenswerte Einsichten und Zusammenhänge entdecken – so man diese denn hören will.

Neben dem echten Interesse am Leben, den Gefühlen und Gedanken des anderen gehört zum aktiven Zuhören auch die Bereitschaft, sich dem anderen bewusst zu widmen und die Gesprächszeit seine Zeit sein zu lassen. Jede Erzählung löst im Zuhörer eine Vielzahl eigener Erinnerungen und Gedanken aus. Manchmal haben wir Ähnliches oder Gegensätzliches erlebt, fällt uns zu dem Gehörten etwas Ergänzendes ein, und schon möchten wir dies ins Gespräch bringen, von unseren Erfahrungen, Erlebnissen und Überzeugungen erzählen. Wer aktiv zuhören will und sich dem anderen widmen möchte, wird diesen Wunsch, so weit wie möglich zurückstellen müssen, um auch inhaltlich beim anderen zu bleiben. Deshalb kann aktives Zuhören mitunter recht anstrengend sein, denn nichts ist schwieriger als das Abschweifen der Gedanken zu unterbinden, sich immer wieder neu auf das Gegenüber zu konzentrieren und ihm bewusst zuzuhören.

Noch etwas ist wichtig: Es reicht nicht, nur gedanklich beim anderen zu bleiben, ich muss ihm auch zeigen, dass ich seinem Reden folge, ihn verstehe, mich in seine Lage hineinversetzen kann. Niemand wird seine persönlichen Gedanken äußern, die eigenen Gefühle schildern, wenn von der anderen Seite keine Resonanz, keine Reaktion spürbar wird. Deshalb ist es notwendig, immer wieder während des Gesprächs Signale auszusenden, dass man verstanden hat, was man hört. Dafür bedarf es meistens nicht mehr, als immer mal wieder »ja« zu sagen, zustimmend zu nicken oder das Gehörte mit eigenen Worten zusammenzufassen. In eigenen Worten zu wiederholen, was wir gerade gehört haben, scheint auf den ersten Blick eine unnatürliche Form der Kommunikation zu sein, es fügt sich aber, wenn mir jemand etwas erzählt, ganz harmonisch in den Gesprächsverlauf ein. Ich spiegele meinem Gegenüber damit gleichsam, was ich verstanden habe, und gebe ihm die Möglichkeit weiterzuerzählen, zu präzisieren oder auch richtig zu stellen, was bei mir falsch oder missverständlich angekommen ist.

Beim aktiven Zuhören kann es zudem wichtig sein, manchmal zu schweigen, auch wenn der andere nichts sagt. Besonders in Momenten, in denen mein Gesprächspartner nach Worten sucht, oder wenn er in Gedanken woanders zu sein scheint, kann es wichtig sein, diese Momente des Schweigens nicht zu durchbrechen, sondern die entstehenden Pausen auszuhalten. Es hilft dem anderen, seine Gedanken zu ordnen, sich selbst über das zu Erzählende Klarheit zu schaffen, wenn dieser Raum da ist. Es ist zugleich eine implizite Einladung zum Weiterreden, wenn ich als Zuhörender schweige und Zeit zum Nachdenken gewähre. Auch hier wird in der entstehenden Stille greifbar, dass diese Zeit dem Besuchten gehört und er alle Zeit hat, die er braucht, um das zu formulieren und auszuwählen, was er erzählen will oder aber verschweigen möchte.

Doch es gibt auch Momente, in denen das Gespräch durch Schweigen zum Stillstand zu kommen droht. Wenn es mitunter gerade alten Menschen passiert, dass sie den Faden einer Erzählung verlieren, ihnen ein Detail oder ein Name nicht einfällt, dann kann es wichtig sein, das Gespräch durch aktive Anstöße in Gang zu halten. Vielleicht, indem man auf vorher Erzähltes zurückgreift und nachfragt, oder dadurch, dass man Personen, die genannt wurden, wieder erwähnt, sich Orte beschreiben lässt oder nach damit verbundenen Erinnerungen fragt. Damit solche aktiven Nachfragen eine neue Herausforderung zum Erzählen werden, empfiehlt es sich dabei, geschlossene Fragen, die nur mit Ja oder Nein zu beantworten sind, so weit es geht zu vermeiden, sowie alle W-Fragen spärlich einzusetzen. Letztlich ist meist nicht entscheidend, wann genau, wo genau und mit wem genau etwas passiert ist. Wichtiger ist es, dass das Erlebte lebendig wird und die daraus gewonnenen Erkenntnisse deutlich werden können.

Aktives Zuhören ist also weit mehr als schweigend dabeizusitzen, wenn ein anderer erzählt. Erst aus dem Zusammenwirken von dem, der berichtet, und dem, der zuhört, entsteht ein lebendiges Gespräch. Dabei aber soll, wenn die Besuchszeit dem Gastgeber gewidmet ist, dieser letztlich den Gesprächsverlauf bestimmen. Der besuchende Gast unterstützt ihn dabei, indem er Offenheit und Interesse zeigt, Verständnis signalisiert und das Gespräch in Gang hält.

Wer aktiv zuhören will, muss immer damit rechnen, auch mit Gesprächsinhalten, Themen und Gefühlen konfrontiert zu werden, die ihn unvorbereitet treffen. Gerade auch dann offen zu bleiben und aktiv zuzuhören, wenn es unangenehm wird, zeichnet einen guten Zuhörer aus. Ich selbst habe mir, um mir diese Offenheit zu bewahren, eine Regel immer wieder bewusst zu Eigen gemacht: Der andere soll das Recht und den Raum haben, alles zu sagen, was ihm auf dem Herzen liegt. An diese Regel versuche ich mich immer wieder zu erinnern, wenn ich mich selbst dabei ertappe, dass ich einem Thema oder einem Gefühl auszuweichen versuche, das der andere anspricht.

Angesichts der Tatsache, dass mein Gegenüber nur selten die Gelegenheit zu einem längeren tief gehenden Gespräch hat, muss ich damit rechnen, dass er meinen Besuch auch dafür nutzt, das anzusprechen, was ihn zutiefst bewegt, was ihn beschäftigt oder womit er nicht alleine fertig wird. Und das bedeutet, dass auch die damit verbundenen Gefühle, die Wut, der Zorn, der Ärger oder aber auch Trauer und Verzweiflung plötzlich zur Sprache kommen oder über Gesten und Gebärden zu mir transportiert werden. Heftige Gefühle brauchen das direkte, offene Gespräch als Ventil. Nur angesichts eines unmittelbaren Gegenübers, das reagiert und Mitgefühl zeigen kann, kann all das herauskommen, was sich vielleicht schon über eine längere Zeit in einem Menschen angesammelt hat. Dabei kann es durchaus geschehen, dass einem im Besuchsdienst Gefühle, Vorwürfe oder Anklagen an den Kopf geworfen werden, die man so gar nicht erwartet hat und mit denen man vielleicht zunächst nicht umzugehen weiß. Aber wenn dies geschieht, ist es immer auch ein Beweis dafür, dass man selbst offenbar bisher so aktiv zugehört hat, dass der andere das Vertrauen gefunden hat, seine Gefühle offen zu zeigen. Dann kommt es darauf an, diese Offenheit dadurch zu erwidern, dass man stillhält und den Gefühlsäußerungen Raum lässt, bis der andere sich ausgesprochen oder ausgeweint hat oder auf andere Weise ausdrücken konnte, was ihn bewegt.

In solchen Momenten kann aktives Zuhören sehr schwer werden, weil sich vielleicht vieles in uns dagegen auflehnt, mit derart intensiven Gefühlsäußerungen konfrontiert zu werden. Dem anderen jetzt wirklich die Zeit und den Raum zu lassen, den er braucht, ist jedoch die beste Möglichkeit, die Besuchszeit seine Zeit sein zu lassen. Mitunter entschuldigen sich Besuchte nach solchen intensiven Momenten, nach Gefühlsausbrüchen oder Tränen für das, was sie gerade gesagt haben oder dafür, dass sie den Besuch damit belastet haben. Aber es sind diese Momente, in denen zwischen Besuchern und Besuchten eine Verbindung wächst, die von Vertrauen und Offenheit geprägt ist. Hier zeigt sich die Tragfähigkeit einer Gesprächsführung, die auf aktives Zuhören setzt und damit den Raum schafft, den alte und kranke Menschen brauchen, die sonst keine Chance haben, sich bei jemandem auszusprechen.

Die Fähigkeit, offen zu sein und aktiv zuzuhören, bildet die Basis für intensive und hilfreiche Gespräche. Es ist nicht die Kunst, die richtigen Worte zu finden, sondern die Haltung, die dem anderen signalisiert: Ich will dich verstehen, ich bin offen für deine Erfahrungen, deine Erlebnisse, aber auch für deine Probleme und Sorgen. Wenn die Besuchten merken, ihnen hört jemand zu, werden sie von sich aus ansprechen, was sie bewegt. Und dabei wird dann auch die Dankbarkeit spürbar sein, endlich einmal erzählen zu dürfen, Zeit und Raum zu haben, um das zur Sprache zu bringen, was sonst unbesprochen bleiben muss. Deshalb ist die Kunst, aktiv zuzuhören, die wichtigste Fähigkeit, die man für Besuche bei alten und kranken Menschen braucht.

Kapitel 4

»Wie siehst du denn das …?«

Über Gott und die Welt reden

Ein Besuchsdienst ist niemals eine einseitige Sache. Auch wenn einer kommt, um den Besuch zu machen, und auf der anderen Seite jemand besucht wird – an dem, was während des Besuchs passiert, sind beide in gleicher Weise beteiligt. Wo Begegnung stattfindet, wo ein Gespräch entsteht, bringen sich alle Beteiligten ein, und so, wie man einen Gesprächsverlauf nicht planen kann, so weiß man auch bei einem Besuch nie, wie er verlaufen wird. Wo sich zwei Menschen begegnen und sich aufeinander einlassen, sich miteinander ins Gespräch begeben, da ist das Ergebnis offen, können beide etwas für sich mitnehmen, Neues lernen und sich durch die Begegnung verändern lassen.

In einem echten Gespräch begegnen sich immer Personen mit unterschiedlicher Lebenserfahrung und verschiedener Lebenseinstellung. Darin liegt der besondere Reiz, die Chance, aber auch die Schwierigkeit einer dauerhaften Begleitung. Ich komme nicht darum herum, mich auf den anderen einzulassen. Das wird mir, je nachdem, wer mir gegenübersitzt, unterschiedlich leicht fallen, aber je länger der Kontakt dauert, desto mehr werde ich vom anderen entdecken und erfahren können.

Wir reagieren im Allgemeinen bei Begegnungen mit einer ersten, von uns selbst kaum zu steuernden Reaktion von Sympathie oder Antipathie, Zuneigung oder Abneigung. Manche

Menschen sind uns gleich bei der ersten Begegnung ganz nah, wir fühlen uns zu ihnen hingezogen, möchten sie gern näher kennen lernen, sind offen und bereit, uns mit ihnen zu beschäftigen und sie hineinzunehmen in unsere Lebenswelt. Bei anderen wiederum spüren wir das krasse Gegenteil. Wir würden, wenn möglich, lieber einen Bogen um diese Personen machen, nehmen innerlich automatisch eine Abwehrhaltung ein und signalisieren durch unsere Körpersprache, dass wir lieber mehr Distanz wollen als Nähe.

Diese Reaktionen laufen bei der ersten Begegnung oft in Sekundenbruchteilen ab, bevor wir noch wissen, wem wir gegenüberstehen. Oft reicht schon der äußere Eindruck, eine Geste, die Ähnlichkeit zu einer anderen Person aus unserem Leben, der Tonfall der Stimme oder die Art, wie jemand uns anschaut, um bei uns Sympathie oder Antipathie auszulösen. Manche Menschen mögen wir eben sofort, andere auf den ersten Blick überhaupt nicht.

Doch der erste Eindruck – auch diese Erfahrungen können wir immer wieder machen – trügt oft. Wenn man sich kennen lernt, miteinander ins Gespräch kommt, entdeckt man, dass eine uns anfangs so sympathische Person auch ihre Ecken und Kanten hat, ja, dass sich hinter dem für uns zuerst positiven Eindruck eine Persönlichkeit verbirgt, mit der es auf Dauer schwierig ist, engeren Kontakt zu ertragen. Andererseits kann auch der anfänglich abschreckende, negative Eindruck einer großen Nähe und Vertrautheit weichen, wenn man feststellt, wie liebenswert die Person eigentlich ist, zu der wir bei der ersten Begegnung innerlich sofort auf Distanz gingen.

Je mehr man sich im Gespräch begegnet, je weiter man sich füreinander öffnet, desto mehr kann man beim anderen entdecken, wie viele Facetten seine Persönlichkeit hat. Im Laufe der Zeit lernt man sich kennen, entdeckt man die Stärken, aber auch die Schwächen einer Person. Dann merkt man, was einen am anderen fasziniert und was einen langweilt, wo man übereinstimmt und dass es vielleicht auch Bereiche gibt, in denen Gräben zwischen den Lebensanschauungen und Überzeugungen liegen.

Es war bereits die Rede davon, wie wichtig es ist, dem anderen durch aktives Zuhören zu zeigen, dass er von sich erzählen darf, dass seine Lebenserfahrungen wertvoll sind. Dazu gehört aber vor allem die Bereitschaft, verstehen zu wollen. Wenn ich den anderen erzählen lasse, dann nicht nur, damit er etwas loswerden kann, sondern damit ich etwas aufnehme, etwas erfahre und lerne.

Ich selbst habe mir bei meiner Arbeit als Krankenhausseelsorger immer wieder die Erzählungen älterer Patienten aus den Zeiten des Krieges, von Flucht oder Vertreibung anhören dürfen und dabei festgestellt, wie verschieden die daraus erwachsenen Überzeugungen und Lebenshaltungen sein können. Ich selbst habe, Gott sei Dank, bisher in einer Zeit gelebt, in der mir solche Erfahrungen erspart geblieben sind. Aber wenn ich im Gespräch hören durfte, wie der Glaube für manche Menschen in den schwierigen Zeiten zum letzten Anker und sicheren Halt angesichts des Leides wurde, dann hatte dies auch Auswirkungen auf mein Gottvertrauen. Aber ich habe auch genauso verstehen gelernt, warum manche Menschen aus schweren Lebensabschnitten als überzeugte Atheisten hervorgegangen sind. Ihnen war die Vorstellung eines gnädigen Gottes angesichts der eigenen Leiderfahrung und dem, was Menschen einander angetan haben, nicht mehr annehmbar.

Aus den Erfahrungen der älteren Generation zu lernen, ist gerade dann möglich, wenn man sich darauf einlässt, den anderen in seiner Lebensgeschichte zu entdecken. Wenn man begreift, welche Erfahrungen prägend waren und wie diese verarbeitet wurden, dann ist dies eine Erweiterung auch der eigenen Lebensperspektive. Es bereichert das Nachdenken über die eigenen Überzeugungen und Positionen, wenn man an der vollen Lebenserfahrung älterer Menschen entdecken kann, wie sehr Überzeugungen auf persönlichen Erfahrungen beruhen.

Wenn man im Leben eines anderen entdeckt, wie stark Prägungen im Elternhaus das weitere Leben bestimmen, dann wird man sensibel dafür, wo eigene Überzeugungen und Handlungsweisen von den Eltern geprägt sind oder wo man auch als Erwachsener immer noch Kindheitserlebnisse abarbeitet. Alt gewordene Menschen können im Rückblick auf ihr Leben oft Zusammenhänge sehen, die einem beim Erwachsenwerden oder im vollen Getümmel der Lebensmitte weithin verborgen bleiben. Ihnen bei der Suche nach dem Sinn und den Zusammenhängen ihres Lebens zuzuhören, zu versuchen, ihren Lebensweg zu verstehen, das öffnet auch die Augen dafür, nach dem Sinn und Ziel des eigenen Lebens zu fragen.

Doch nicht nur das Elternhaus prägt Lebenseinstellungen. Auch die gesellschaftlichen Umstände, in denen jemand groß wird und seine Lebensüberzeugungen gewinnt, hinterlassen bleibende Spuren. Die Lebensgeschichten von älteren Menschen, die vierzig Jahre Geschichte der DDR miterlebt haben, unterscheiden sich grundsätzlich von denjenigen Gleichaltriger, die Zeit ihres Lebens in der Bundesrepublik lebten. Entsprechend sind auch die prägenden Erfahrungen unterschiedlich, was sich dann natürlich auch in den daraus abgeleiteten Lebenseinstellungen niederschlägt.

Ebenso prägend sind unterschiedliche Bildungswege, Berufsverläufe und andere zentrale Erfahrungen. Es ist immer wieder spannend zu entdecken, auf welchen mitunter verschlungenen Wegen Lebensweisheiten entstehen und sich verfestigen. Dies gilt auch für die religiösen Überzeugungen, die eine Person im hohen Alter vertritt. Je nachdem ob positive Erfahrungen mit Kirche und religiösen Personen vorhanden waren, ob wechselnde Lebensentwürfe gelebt oder kontinuierlich eine Glaubensüberzeugung durchgetragen wurde, die Grundüberzeugungen der Alten sind stets in einem konkreten Leben gewachsene und bewährte Haltungen.

Es ist ein großer Gewinn, an der Lebenserfahrung und Glaubenserfahrung eines alt gewordenen Menschen teilhaben zu dürfen. Dabei wird man nie alle seine Einsichten auf das eigene Leben übertragen können, aber aus fast allem kann man für sich lernen. Und dies kann auch bedeuten, zu entdecken, wo man ganz anderer Meinung ist als das Gegenüber. Wo die Lebenserfahrungen sich widersprechen, werden auch die Einsichten daraus meist widersprüchlich sein. Und darüber kann dann im Rahmen des Besuches auch durchaus ein Gespräch entstehen, in dem die unterschiedlichen Standpunkte klar gegenübergestellt werden.

Den anderen verstehen zu wollen heißt nicht, jeder geäußerten Meinung widerspruchslos zuzustimmen. Wo im Gespräch eine echte Begegnung stattfindet, kann sich nicht eine Seite mit ihren Überzeugungen auf Dauer verstecken. Die eigenen Lebenserfahrungen und -einsichten fließen ohnehin ins Gespräch ein. Der Gesprächspartner merkt meist schnell, wenn auch nicht immer bewusst, wenn sein Gegenüber auf ein bestimmtes Thema allergisch reagiert, bei bestimmten Gedanken unruhig wird oder die Stirn runzelt.

Da es ein echtes Gespräch ja gerade auszeichnet, dass sich zwei verschiedene Personen mit unterschiedlichen Ansichten begegnen, liegt der Reiz für beide Seiten auf Dauer gerade auch darin, dass jeder das einbringt, was ihm wichtig ist. Wo man sich in allem einig zu sein scheint und einer dem anderen immer nur beipflichtet, regiert auch schnell die Langeweile. Wenn hingegen unterschiedliche Überzeugungen aufeinander treffen, wird es spannend.

Dass sich widersprechende Lebenshaltungen nicht notwendigerweise Streit bedeuten müssen, wird man im Gespräch immer dann erfahren können, wenn die gegenseitige Annahme nicht von der Übereinstimmung auf der Gesprächsebene abhängig ist. Wenn erst einmal Vertrauen und Verständnis füreinander gewachsen sind, dann kann auch im Gespräch deutlich werden, dass der Widerspruch gegen eine geäußerte Meinung oder Überzeugung keine grundsätzliche Ablehnung des anderen bedeutet.

Ich erinnere mich an einen alten Herrn, der mir bei einem Besuch im Brustton der Überzeugung erzählte, zu Hitlers Zeiten sei alles besser gewesen. Er machte aus seiner deutschnationalen Überzeugung kein Hehl und brachte Parolen vor, die in mir den Wunsch zum sofortigen Protest hervorriefen. Aber ich fragte ihn stattdessen, wie er zu dieser Überzeugung gekommen sei, und erfuhr, dass er als Kind ohne Vater aufgewachsen war. Seine zentralen männlichen Vorbilder hatte er in den Führern der Hitlerjugend und später dann beim Militär gefunden. Da verstand ich zumindest, warum bei ihm die nationalsozialistische Prägung so nachhaltig gewirkt hatte, dass er bis heute zu ihr stand. Danach sprachen wir über seine Erlebnisse im Krieg und die Folgen des Zweiten Weltkriegs, und ich konnte ihm deutlich machen, warum ich seiner politischen Meinung niemals zustimmen würde. Trotz dieser klaren Distanzierung von seinen politischen Überzeugungen konnte ich ihn weiter begleiten, weil ich verstand, warum er sich so entwickelt hatte. Und doch, gerade weil ich ihn als Person durchaus annehmen konnte, es blieb bei mir bis zuletzt ein Bedauern wegen seiner politischen Ideale, denn er konnte in anderen Bereichen sehr vernünftig und verständnisvoll sein. Ich musste mit seiner Person eben auch seine Lebensgeschichte akzeptieren, die ihn zu seiner politischen Überzeugung gebracht hatte, ohne dass ich deshalb zugleich seine Haltung in irgendeiner Weise inhaltlich hätte billigen müssen.

Ich habe aus dieser Begegnung gelernt, was sicherlich allgemein gilt: Unsere tragenden Lebensüberzeugungen sind nicht willkürlich gewählt, sie sind gewachsen. Aus dem Mosaik unserer Erfahrungen basteln wir uns ein Bild unserer Welt, unsere Sicht der Dinge. Je älter wir werden, desto mehr verfestigt sich dieses Bild, denn neue Erfahrungen versuchen wir zunächst in unser vorhandenes Weltbild zu integrieren. Solange dies gelingt, ergänzt und verstärkt sich so unser bestehendes Bild der Welt. Dies gilt für ältere Menschen noch mehr als für jüngere, denn nur noch sehr selten machen sie derart umstürzende Erfahrungen, dass ihr Weltbild noch einmal erschüttert wird. Was manchem als Altersstarrsinn und mangelnde Flexibilität der Senioren erscheint, ist oftmals einfach die über lange Jahre gewachsene und verdichtete Lebenserfahrung eines Menschen.

Auch wenn das Leben immer wieder zu Veränderungen zwingt, mit der Zeit entsteht eine stabile Lebensperspektive, eine eigene Grundüberzeugung, von der abzurücken bedeuten würde, mit dem ganzen bisherigen Leben zu brechen. Dies bedeutet nicht, dass es im Leben alter Menschen keine revolutionären Veränderungen mehr geben könnte. Sie sind nur seltener, weil sie eine völlige Uminterpretation der eigenen Lebensgeschichte erforderlich machen. Aber auch alte Menschen sind durchaus noch in der Lage, neue Einsichten in ihr gewachsenes Lebensbild zu integrieren.

Um aber eine durch viele Lebensjahre und entsprechende Erlebnisse geprägte Sichtweise zu verändern, bedarf es, unabhängig davon, um welche Themen es geht, neuer Erfahrungen und nicht bloß guter Gründe. Womit man gelebt hat, was sich bisher bewährt hat, das kann man nicht einfach ablegen, das kann man nicht plötzlich eintauschen gegen eine neue Haltung, eine neue Überzeugung, die nicht durch entsprechende Erfahrungswerte abgedeckt ist.

Deshalb wird auch der Besuchsdienst einen an Lebenserfahrung reichen Menschen nicht von heute auf morgen verändern. Aber jeder Besuch kann durchaus dazu beitragen, dass sich ein langsamer Wandel vollzieht. So wie der Besucher von der gesammelten Lebenserfahrung der Älteren lernen kann, können dies und tun dies auch die besuchten Senioren. Allerdings nur dann, wenn nicht versucht wird, ihnen eine neue, moderne Sichtweise überzustülpen oder aufzudrängen, sondern sie die Möglichkeit erhalten, am Erfahrungsschatz der Jüngeren teilzuhaben.

Wenn ich als Besucher zu einem alten Menschen komme, habe ich daher zunächst seine gewachsene Lebensüberzeugung zu respektieren. Ich kann aber genauso selbstverständlich meine eigene daneben stellen, indem ich von mir selbst und meinen Erfahrungen und Lebenseinsichten erzähle.

Damit überlasse ich es dem anderen, welche Schlüsse er für sich selbst daraus zieht. Auf diese Weise kann ich meine Sichtweise als Angebot einbringen, dem sich auch der ältere Mensch stellen, das er annehmen oder ablehnen kann. Wenn ich merke, dass meine Einstellungen der des Besuchten widersprechen, ist es daher wichtig, von mir selbst zu sprechen, vielleicht auch aus meiner eigenen Lebensgeschichte zu erzählen. Dann wird schon durch den Stil meines Redens deutlich, dass es mir nicht darum geht, über ein Thema zu streiten und die Einstellung des anderen abzuwerten, sondern darum, dem anderen meine Erfahrung und meine Sicht der Welt anzubieten. Er ist eingeladen, sie zu übernehmen, sie sich zu Eigen zu machen, er muss es aber nicht.

Eine solche offene Gesprächshaltung ist besonders auch für Glaubensfragen wichtig, die einem bei Gesprächen mit älteren Menschen häufig begegnen. In ihrer Kindheit und Jugendzeit war eine traditionelle kirchliche Prägung meistens noch selbstverständlich. Wenn Senioren aus ihrem Leben erzählen, gehört daher auch das Thema Kirche und Glauben mit zu ihrem Erfahrungsschatz, wie immer sich im Lauf ihres Lebens ihr Verhältnis dazu entwickelt hat.

Häufig geschieht der Besuchsdienst bei älteren Menschen ja als Teil einer kirchlichen oder sozialdiakonischen Arbeit. Wer aus einer christlichen Grundüberzeugung heraus sich den älteren Menschen zuwendet, möchte sie dies vielleicht auch besonders spüren lassen, ihnen zeigen und sagen, welcher Glauben einem so wichtig ist, dass man diesen Dienst tut. Aber gerade auch für diesen Bereich eigener Glaubenserfahrungen gilt, was oben über die gewachsenen Prägungen und die Notwendigkeit neuer Erfahrungen gesagt wurde.

Alte Menschen ändern nur noch selten ihre religiösen Überzeugungen, denn sie gehören mit zum Kern ihrer gewachsenen und im Leben bewährten Einstellungen. Wenn ein Mensch nicht gerade durch Lebensumbrüche im hohen Alter neu nach Antworten auf existenzielle Lebensfragen sucht, sind Bekehrungen, Konfessionswechsel, Ein- und Austritte aus Kirche und Gemeinde eher selten. Ältere pflegen ihrer gewachsenen und bewährten Glaubenshaltung treu zu bleiben, ganz egal, ob dazu eine innige Gottesbeziehung, eine distanzierte Kirchlichkeit oder gar ein überzeugter Atheismus gehören.

Aber auch für diesen Bereich gilt, dass Senioren im fortgeschrittenen Lebensalter durchaus noch zu Veränderungen ihres Welt- und Gottesbildes fähig sind, wenn sie dies als hilfreich für ihr Leben erleben. Gerade in Zeiten von Krankheit, von zunehmender Schwäche oder generell zum Ende des Lebens hin, werden auch die alten Prägungen noch einmal auf den Prüfstand gestellt. Und dazu gehört auch die Haltung zu Glauben und Kirche, die Gottesvorstellung und die Frage, ob es ein Leben nach dem Tod gibt.

Wer alte Menschen begleitet, wird irgendwann auf Fragen stoßen, die mit dem Glauben an Gott zu tun haben. Dann ergibt sich meist auch für die Besuchenden ganz harmonisch die Möglichkeit, die eigenen Überzeugungen ins Gespräch einzubringen, sofern sie nicht sogar direkt danach gefragt werden. Wenn die Besuchten den Impuls für ein Gespräch über Glaubensfragen geben, sind sie auch offen für die Erfahrungen ihres Gegenübers. Es wird mitunter viel Zeit vergehen, bis Glaubensthemen – und d.h. nicht nur das Thema Kirche als Institution – direkt angesprochen werden, denn ein Gespräch über diesen Bereich setzt ein bereits gewachsenes Vertrauen zwischen den Gesprächspartnern voraus.

Über religiöse Überzeugungen redet man in unserer Gesellschaft normalerweise nicht mit jedermann. Sie gehören zu den persönlichen Dingen, die meist eher als Privatsache behandelt werden. Entsprechend wird jeder, der ungefragt und ohne äußeren Anlass solche Themen anspricht, mitunter als aufdringlich erlebt. Der andere hat dann das Gefühl, ihm soll etwas aufgedrückt werden. Er fühlt sich zu einem Gespräch über Dinge gezwungen, über die er eigentlich nicht – oder noch nicht – reden möchte. Diese Gefahr besteht auch im Besuchsdienst, wenn Mitarbeiter, die aus einer christlich-missionarischen Motivation heraus diesen Dienst tun, von sich aus Glaubensthemen in den Mittelpunkt stellen oder versuchen, die Begleitung alter Menschen als Bekehrungschance zu nutzen.

Die Folgen sind meist fatal. Beim Besuchten entsteht der Eindruck: Der andere kommt nur, um mich von seinem Glauben zu überzeugen. Es geht ihm gar nicht wirklich um mich. Meine Situation, mein Alleinsein ist nicht der Grund des Besuchs, sondern bloß eine Gelegenheit, neue Mitglieder für die Kirche zu werben oder mich zu irgendetwas zu bekehren. Dieser Eindruck drängt sich sehr leicht auf, auch wenn das wohlmeinende Bemühen des Besuchers in Wahrheit sehr wohl der Person an sich gilt.

Wo immer ein diakonischer Dienst geschieht, wo immer aus einer Glaubensüberzeugung heraus ein Besuchsdienst getan wird, bieten sich gleichwohl auch missionarische Möglichkeiten, denn als einer von zwei Gesprächsteilnehmern kann sich der Besuchende mit seinen Überzeugungen ins Gespräch einbringen. Er kann von dem erzählen, was ihm wichtig ist, woran er glaubt und worauf er vertraut. Aber der Besuchsdienst darf niemals zum Bekehrungsmittel werden.

Wenn der Besuch nur erfolgt, um das Gespräch als missionarische Gelegenheit zu nutzen, wird die Situation des alten oder kranken Menschen ausgenutzt, denn er ist auf diesen Besuch und Kontakt angewiesen, während der andere kommen oder auch nicht kommen kann.

Jeder Besuchsdienst sollte daher aus der Grundhaltung erfolgen, dass der andere wichtig und wertvoll ist, ganz unabhängig davon, was er glaubt, was er denkt, was er wählt oder für welche Werte und Vorstellungen er gelebt hat. Wenn sich der andere so besucht, so angenommen fühlt, dann kann über alle, auch religiöse und konfessionelle Fragen mit offenem Ausgang gesprochen werden, ohne dass dadurch der weitere Kontakt belastet wird. Wenn der Besuchte spürt, ich werde besucht, weil ich dem anderen wichtig bin, dann wird er sich auch die Frage stellen, warum der Besucher eigentlich kommt und woher er seine Motivation hat. Meist wird der Besuchte irgendwann von sich aus Glaubensfragen ansprechen, wenn er spürt, dass dies seinem Gegenüber wichtig zu sein scheint. Und dann ist auch der richtige Moment, sich diesen Fragen zu stellen, genauso wie allen anderen Themen, die im Laufe der Zeit auf den Tisch kommen.

Letztlich wird es bei allen Themen, die kontrovers diskutiert werden können, darum gehen, die Differenzen im Gespräch nicht zuzudecken, sondern voneinander zu lernen. Es geht darum, die Verschiedenheit zu akzeptieren und immer wieder aufeinander zu hören und zu versuchen, die andere Sichtweise zu verstehen. Dann können beide Seiten auch aus dem Gespräch über Gegensätze wechselseitig Gewinn ziehen.

Egal ob sich die Differenzen aus dem Unterschied von Alt und Jung, verschiedenen Frömmigkeitsstilen oder Glaubenshaltungen ergeben, all dies ist nie egal, nie gleichgültig, sondern immer ein Grund, miteinander zu reden und aus den Erfahrungen des anderen zu lernen. Und auch wo man nicht zusammenkommt, wo die Gegensätze vielleicht so scharf bleiben, dass es immer wieder schwer fällt, sie zu akzeptieren, bedeutet es zumindest eine Bereicherung, auch im Gegeneinander die andere Seite gut kennen gelernt zu haben. Umso wichtiger können dann auch die Momente und Überzeugungen werden, in denen man Übereinstimmung feststellen kann, wo man eine gemeinsame Basis entdeckt und merkt, welche Grundprobleme oder Hoffnungen man teilt.

Die gemeinsame Basis immer wieder zu suchen, sie zu festigen und zu ihr immer wieder zurückzukehren, wenn die strittigen Themen ein Gespräch zu sehr belasten, das gehört letztlich auch mit zu den Aufgaben des Besuchsdienstes. Es liegt mit am Besucher, zu spüren, wo Gesprächsthemen und Auseinandersetzungen das Miteinander zu belasten drohen. Dann gilt es immer wieder, durch Verständnis und Zuhören die Basis für den dauerhaften Kontakt zu festigen, bevor man sich erneut den kontrovers beantworteten Fragen zuwendet. Letztlich aber ist das entscheidende Mittel des Besuchsdienstes die Zuwendung, die den anderen so nimmt, wie er geworden ist. Man kann sich dem anderen auch auf Dauer positiv zuwenden, wenn man über Gott und die Welt geteilter Meinung ist. Ihm zu sagen und zu zeigen, dass er wertvoll ist und dies durch die Fortsetzung der Besuche zu beweisen, das bleibt auch dann richtig, wenn man auf der Ebene der Überzeugungen und Ansichten nicht zueinander finden kann.

Kapitel 5

»Du erzählst das doch keinem weiter …?«

Vertrauen und Verschwiegenheit

Neben der Fähigkeit, aktiv zuzuhören und auch einmal kontroverse Sichtweisen zuzulassen, ist vor allem gegenseitiges Vertrauen die Basis einer gelingenden Folge von Besuchen bei einem alten oder kranken Menschen. Aber Vertrauen ist nicht unbedingt von Anfang an da, sofern sich nicht Besucher und Besuchte schon aus anderen Zusammenhängen gut kennen. Vertrauen muss entstehen, braucht Zeit, um zu wachsen, und muss sich in schwierigen Zeiten bewähren.

Nur wo Vertrauen gewachsen ist, kann wirklich Offenheit gewagt werden. Wenn es möglich sein soll, auch die schwierigen und belastenden Momente einer Lebensgeschichte anzusprechen, dann setzt dies voraus, dass eine gewisse Vertrautheit miteinander entstanden ist und der Erzähler sicher sein kann, dass das, was er erzählt, nicht einfach weiter »herumgereicht« wird.

Jeder Mensch hat seine Ecken und Kanten, dunkle Seiten und Abschnitte der eigenen Lebensgeschichte, die nicht so gelaufen sind, wie geplant, oder für die er sich in der Rückschau schämt. Manch einer aber hat auch schwere seelische Verletzungen erlebt, über die zu reden genauso schwer fällt, wie über die Enttäuschungen und Fehler des eigenen Lebensweges. Solange man befürchten muss, dass Dinge, die einem selbst unangenehm sind, in Ohren gelangen, für die diese nicht bestimmt sind, solange also Beschämung droht, solange ist Schweigen der sicherste Schutz. Erst wenn sicher ist, dass vertrauliche Dinge auch vertraulich behandelt werden, dass der andere mit Lebenserinnerungen, Fehlern und Eingeständnissen nicht hausieren geht, erst dann kann man es überhaupt wagen, über die peinlichen und unangenehmen Seiten des eigenen Lebens zu reden.

Aus diesem Grund gibt es für Seelsorger das so genannte Beichtgeheimnis. Jeder, der zu einem Pastor, Pfarrer oder Priester kommt, um über schuldhaftes Verhalten oder schwierige Lebenssituationen zu reden, kann sicher sein, dass diese Informationen den Seelsorgeraum nicht verlassen. Das Beichtgeheimnis ist für Geistliche und deren Hilfspersonen auch rechtlich geschützt, denn das Gesetz räumt ihnen ein weit gehendes Aussageverweigerungsrecht für Informationen ein, die ihnen im Rahmen eines seelsorgerlichen Gesprächs anvertraut wurden.

Doch auch dort, wo das Vertrauensverhältnis nicht rechtlich gesondert geschützt ist, ergibt sich aus der Offenheit und Vertraulichkeit des Gesprächs eine moralische Verpflichtung zur Verschwiegenheit. Solange von mir nichts Gegenteiliges verlangt werden kann, habe ich über all das, was ich von einem Gesprächspartner erfahre, grundsätzlich zu schweigen, um das in mich gesetzte Vertrauen nicht zu gefährden. Wenn ich als Gesprächspartner nicht verschwiegen sein kann, werde ich über kurz oder lang niemanden mehr haben, der sich mir anvertrauen will, denn das Einhalten der Schweigepflicht, auch wenn nicht gesetzlich vorgeschrieben, ist die Voraussetzung des Vertrauens, und jeder Bruch der Verschwiegenheit wäre zugleich auch ein Vertrauensbruch.

All dies gilt nicht nur für Geistliche und berufene Seelsorger. Es gilt auch für jeden, der im Besuchsdienst arbeitet.

Wo ich mich einem anderen als Gesprächspartner anbiete, wo ich ihn oder sie einlade, die eigene Lebensgeschichte zu erzählen, da bin ich auch dafür verantwortlich, mit dem Erzählten vertraulich umzugehen. Wo mir Offenheit und damit Vertrauen geschenkt wird, kann ich dies Geschenk meinerseits nur durch meine Verschwiegenheit nachträglich rechtfertigen und damit das in mich gesetzte Vertrauen bestätigen.

Die Verschwiegenheit umfasst zunächst einmal alle persönlichen Daten und Erlebnisse, die ich im Gespräch erfahre, unabhängig davon, wie wichtig sie mir als Besucher erscheinen. Vielleicht gehört irgendetwas davon, ohne dass ich dies weiß, zu einem Lebensgeheimnis, über das der Betroffene sonst nicht spricht. Mitunter kann ein regelmäßiger Besucher, der das Vertrauen eines alten Menschen hat, Ereignisse und Begebenheiten aus dessen Lebensgeschichte erfahren, die selbst die nächsten Angehörigen nicht wissen. Wenn solche Informationen, auf welchem Wege auch immer, die falschen Ohren erreichen und der Betroffene auf einmal von seinen Angehörigen darauf angesprochen oder gar zur Rede gestellt wird, kann das anfängliche Vertrauen für immer zerstört sein.

Gleiches gilt selbstverständlich für alle Aussagen über finanzielle und rechtliche Belange. Selbst wo ein alter Mensch dem vertrauten Besucher gegenüber ganz offen über seine Rente, sein vorhandenes oder nicht vorhandenes Vermögen spricht, ist nicht gesagt, dass auch die Angehörigen oder das Heim über diese Informationen verfügen oder verfügen sollen. Es kommt genauso vor, dass Oma oder Opa ihre Kinder und Enkel mit dem Versprechen an sich binden, sie im Testament entsprechend zu bedenken, selbst wo es gar nicht mehr viel zu vererben gibt, wie es andererseits auch sein kann, dass vorhandenes Vermögen konsequent verschwiegen wird, weil es einer gemeinnützigen Organisation oder Kirche vererbt werden soll, oder um Konkurrenz unter den möglichen Erben erst gar nicht aufkommen zu lassen.

Jeder Mensch hat Lebensgeheimnisse, auch wenn sie nicht immer finanzieller Natur sind, Dinge, von denen man nicht will, dass andere oder auch nur bestimmte Personen sie erfahren. Zugleich aber gehört zu diesen Lebensgeheimnissen der starke Wunsch, mit irgendjemandem darüber zu reden, denn meist sind die Gründe, die zur Geheimhaltung zwingen, be lastend. Zudem gehört zu jedem Geheimnis dazu, dass es auf Dauer schwer fällt, es zu verbergen und zu verschweigen. Daher kann es immer wieder geschehen, dass ein Besucher, wenn die Zeit und das Vertrauen dafür da sind, ein solches Lebensgeheimnis erfährt, auch ohne dass es ausdrücklich als Geheimnis benannt wird. Dennoch würde gerade an dieser Stelle ein auch versehentlicher Vertrauensbruch besonders schlimme Folgen für das bestehende Verhältnis haben.

Weitestgehende Verschwiegenheit sollte also für jeden Besuchsdienst selbstverständlich sein. Da ich als Besucher nie wirklich abschätzen kann, welche Informationen wie brisant sind, sollte ich nach Möglichkeit überhaupt nichts von dem, was ich erfahre, weitergeben. Dies schließt, auch wenn es vielleicht schwer fällt, den eigenen Lebenspartner und die eigene Familie ein. Selbst wenn es in der eigenen Lebensbeziehung eine Abmachung gibt, keine Geheimnisse vor dem Partner haben zu wollen, für fremde Geheimnisse, die mir und nur mir anvertraut werden, kann diese Devise nicht gelten. Was nur mir gesagt wurde, hat auch nur bei mir zu bleiben. Allein damit rechtfertige ich das in mich gesetzte Vertrauen.

Gerade diese Verschwiegenheit kann aber auch zur Bewährungs- und Belastungsprobe für die Beziehung zwischen Besuchsdienstmitarbeitern und besuchten Senioren werden. Nicht immer ist es leicht, nicht immer ist es damit getan, das Gehörte einfach für mich zu behalten. Wenn es mich weiter beschäftigt, wenn es mich belastet, oder ich mich innerlich gedrängt fühle, mit jemandem darüber zu reden, dann wird die Verschwiegenheit zum Problem, und es ist nicht mehr damit getan, einfach den Mund zu halten. Wenn ich den Eindruck habe, ich müsste mit einem Dritten darüber reden, sei es, um mir Rat zu holen, um in einem Konflikt zu vermitteln oder um dem Betroffenen eine bessere Hilfestellung geben zu können, dann muss ich mich fragen, ob die Gründe schwer genug wiegen, um die Verpflichtung zur Verschwiegenheit außer Kraft zu setzen.

So wichtig die Vertraulichkeit für die Beziehung zwischen Besuchtem und Besucher auch sein mag, sie darf nicht so absolut gesetzt werden, dass dem Besuchenden durch die Schweigepflicht eine unzumutbare Belastung aufgebürdet wird. Denn eine dauerhafte, hilfreiche Beziehung kann auch daran scheitern, dass die Belastung für die Besuchsdienstmitarbeiterinnen und -mitarbeiter zu groß wird.

Für solche Fälle gibt es mitunter die Möglichkeit, in einer Mitarbeitergruppe oder mit einem erfahrenen Begleiter der Arbeit über diese belastenden Situationen zu reden. Aber auch wenn solch ein Gespräch mit einem erfahrenen Seelsorger, einem Kreis der Besuchsdienstmitarbeiter oder in einer Supervisionsgruppe notwendig ist, sollte man dennoch beachten, dass auch hier die Vertraulichkeit gewahrt bleibt.

Am besten ist es, den Betroffenen selbst zu fragen, ob man sich für ein Problem Rat holen darf, und ich habe bisher noch nicht erlebt, dass mir dies verweigert wurde. Ich habe mich in solchen Situationen meist an die Person gewandt, die ich begleitet habe, und ihr sinngemäß gesagt: »Du hast mir mit dem, was du mir erzählt hast, viel anvertraut, und bei diesem oder jenem weiß ich nicht so richtig, wie ich damit umgehen soll. Ich würde gerne mal mit jemandem darüber reden. Wäre das möglich, oder nicht?« Meist habe ich von den Betroffenen das Einverständnis erhalten, denn dass ich sie gefragt habe, zeigt ja schon, dass ich mit dem, was mir erzählt wurde, nicht leichtfertig umgehe. Es kann dem Vertrauen untereinander letztlich nur zuträglich sein, wenn man in dieser Weise offen die Notwendigkeit zugibt, Dritte ins Vertrauen hineinzuziehen.

Letztlich ist entscheidend, dass für weitere Besuche die Offenheit und das Vertrauen erhalten bleiben, die einmal gewachsen sind. Dazu gehört aber auch einzugestehen, wenn man sich durch die vorausgesetzte Verschwiegenheit überfordert fühlt. Es bleibt dann dem Gesprächspartner überlassen, inwieweit er mich von der Vertraulichkeit entbindet. Der andere kann auch deutlich sagen, mit wem ich nicht über seine Belange reden soll. Vielleicht möchte er ausschließen, dass ich gerade seinen Pfarrer oder eine andere Person anspreche, die ihn kennt. Oder es kann vereinbart werden, dass sein Name nicht genannt werden soll. Wenn geklärt ist, auf welche Weise die Vertraulichkeit gewahrt werden kann, auch wenn noch jemand von dem erfährt, was dem Besuchenden anvertraut wurde, ist die Wahrnehmung von Supervision oder die Ratsuche bei einem erfahrenen Seelsorger für den Besuchenden kein Bruch des Vertrauens mehr, sondern eine gute Möglichkeit, einen Weg zu finden, den Raum des Vertrauens so weit zu spannen, dass auch schwierige und belastende Themen darin Platz haben.

Kapitel 6

»Musst du schon gehen …?«

Die Kunst, ein Gespräch zu beenden

Zu den Grunderfahrungen eines jeden Besuchsdienstes gehört die Einsicht, dass Besuchszeit begrenzte Zeit ist. Und dies gilt nicht nur hinsichtlich der Häufigkeit der Besuche, sondern auch in Bezug auf die Länge der einzelnen Begegnungen. Was zunächst selbstverständlich erscheint – dass der Besuchende kommt und auch wieder gehen wird –, verhindert nicht, dass das Ende des Gesprächs mitunter alles andere als klar ist. Das Ende eines Besuches ergibt sich oft nicht von selbst, es muss mitunter herbeigeführt werden.

Dies liegt daran, dass die Besuchten nur das Ende des Besuchs mitbestimmen können, nicht jedoch dessen Beginn. Auf den Zeitpunkt, zu dem ein Besuchsdienstmitarbeiter kommt, hat der Alte oder Kranke schließlich kaum Einfluss. Ihm bleibt nur zu warten, bis der Besuch erscheint. Verspätungen und Absagen können vielleicht beklagt, aber nicht verhindert werden. Ja selbst Beschwerden sind eigentlich kaum möglich, da der Dienst freiwillig und ehrenamtlich geschieht und jede Klage als Undankbarkeit ausgelegt werden könnte. Was den Beginn der Gesprächszeit betrifft, ist der Besuchte also von seinem Besuch abhängig. Nicht so beim Ende des Gesprächs.

Ich weiß nicht, wie oft es mir in meinem seelsorgerlichen Dienst schon passiert ist, dass ich wieder einmal erst viel zu spät »weggekommen« bin. Immer wieder habe ich mich darüber geärgert, wenn mein Zeitplan für den Tag durcheinander geriet, weil ein Besuch länger dauerte, als ich eigentlich an Zeit dafür vorgesehen hatte. Dabei ist es eigentlich nur zu verständlich, dass die Kunst, ein Gespräch zu beenden, ein Thema für sich ist, schaut man auf die verschiedenen Erwartungen, die mit der Dauer eines Besuchs verbunden sind.

Wer als Besucher kommt, hat sich bewusst einen Teil seiner freien Zeit genommen, um alte oder kranke Menschen zu besuchen. Aber dies ist für ihn meist nur einer von vielen Lebensbezügen, ein begrenzter, eingeplanter Zeitraum, der im persönlichen Zeitbudget dafür reserviert ist. Für die besuchten Senioren hingegen ist diese Zeit ein Höhepunkt in ihrem Alltag, eine besondere Gelegenheit, die immer viel zu schnell vorüber ist. Daher ist auf dieser Seite oftmals der Wunsch vorhanden, der andere möge möglichst lange bleiben, denn danach drohen vielleicht wieder Langeweile und Einsamkeit.

Während für die Besuchenden also irgendwann die Notwendigkeit einsetzt, wieder gehen zu müssen, wird auf der anderen Seite unbewusst die Erwartung aufrechterhalten, der Besucher könne doch noch ein bisschen bleiben. Da wird dann, wenn das Ende der Besuchszeit naht, noch ein dickes Fotoalbum aus dem Schrank geholt, mit dem sich unendlich viele Lebenserinnerungen verbinden, da wird ganz zum Schluss noch ein neues, für den Besucher spannendes Thema angesprochen, so dass er eigentlich gar nicht gehen kann.

Dies sind meist keine bewusst eingesetzten Mittel, um den Besucher noch eine Weile bei sich zu halten, sondern unbewusste Strategien, den Gesprächspartner an sich zu binden, das Gespräch weiterzuführen, nur keine Lücke entstehen zu lassen, in der der andere sagen könnte, dass er nun aber wirklich los muss. So kann aus dem geplanten kurzen Besuch am Nachmittag unversehens ein mehrstündiges Beisammensein werden, bei dem ab der Abendbrotszeit der Besucher auf die Uhr zu schauen beginnt und nach der besten Möglichkeit sucht, sich mit einer guten Begründung verabschieden zu können. Gelingt dies nicht, bleibt am Ende nur der unvermittelte Abbruch des Gesprächs, der fast wie eine Flucht aussieht, und bei dem beide Seiten irgendwie ein schlechtes Gefühl haben. Die besuchte alte Dame merkt plötzlich, dass sie ihre Besucherin wohl nun doch über Gebühr beansprucht hat, und die Besuchsdienstmitarbeiterin ärgert sich darüber, dass der Besuchsdienst wieder mal viel mehr Zeit verschlingt, als sie eigentlich eingeplant hatte.

Da sich die mit dem Gesprächstermin verbundenen Erwartungen nicht einfach ausgleichen lassen, gilt es in solchen Fällen von Seiten des Besuchenden aus, Strategien zu entwickeln, um dem Gespräch einen klaren zeitlichen Rahmen zu geben. Es ist ein berechtigtes Interesse der Mitarbeiter im Besuchsdienst, die zeitliche Belastung in Grenzen zu halten, auch wenn sie spüren, dass die besuchten Personen um jede Minute gemeinsamer Zeit ringen. Nur wenn die einzusetzende Zeit auf Dauer überschaubar und planbar bleibt, kann der Dienst auch für längere Zeit gerne getan werden, und das kommt letztlich beiden Seiten zugute.

Voraussetzung dafür ist zunächst einmal, sich selbst ein persönliches Zeitlimit zu setzen und sich nach Möglichkeit auch streng daran zu halten. Dies gilt für Anfang und Ende des Besuchs. Wer pünktlich kommt, darf auch pünktlich gehen, ohne ein schlechtes Gewissen haben zu müssen. Schwierig bleibt dabei aber, das Ende des Besuchs so vorzubereiten, dass es nicht einen Abbruch des Gesprächs bedeutet.

Dafür ist es hilfreich, wenn auch die andere Seite weiß, wie lange das Gespräch dauern wird, wie viel Zeit der Besuchende also mitgebracht hat.

Die beste Methode für eine längere Reihe von Besuchen ist, die Anwesenheitsdauer stets in etwa gleich lang zu gestalten. So entsteht mit der Zeit eine Erwartungssicherheit. So wie sich ein fester Rhythmus der Besuche relativ schnell verfestigen kann, so entsteht auch bei regelmäßig gleicher Länge der Besuche ein stabiler Zeitrahmen. Es wird normal, dass der Besucher nach genau dieser Zeit wieder aufbrechen wird. Es bedarf dafür dann keiner eigenen Begründung mehr, denn Besuchende und Besuchte stellen sich schon innerlich darauf ein.

Wenn es den Besuchsdienstmitarbeitern von Anfang an gelingt, die Besuchsdauer in dieser Weise stabil zu begrenzen, ist das natürlich am besten, denn eine nachträgliche Verkürzung einer einmal eingeschliffenen, für den Besucher aber eigentlich zu langen Besuchszeit ist immer schwierig. Der Besuchte spürt, dass sein Besuch früher weg möchte, und fragt sich, warum: Mag er mich nicht mehr? Werde ich ihm lästig? Habe ich etwas gesagt, das ihn stört? Jede Verkürzung der Besuchszeit wird von Seiten des Besuchten als Zurückweisung erlebt und bedarf einer Begründung.

Natürlich wäre es das Ehrlichste, dem Besuchten offen zu sagen: Ich kann einfach nicht so viel Zeit für dich erübrigen, wie du dir wünschst. Aber dies würde die Kränkung nicht aufheben. Das unterschiedliche Zeitbudget von Besucher und Besuchtem ist ja gerade das Problem. Die Zeitknappheit der Besucherin hebt den Wert jeder zusätzlich bei den Besuchten zugebrachten Minute, und jeder Verweis auf das Zeitlimit, das sich der Besucher selbst gesetzt hat, übermittelt auch die Botschaft, dass anderes einfach wichtiger ist als der Besuch.

Dennoch ist eine Begrenzung der Zeit und auch eine allmähliche Reduzierung der Dauer regelmäßiger Besuche möglich. Zum einen kann man vorgegebene externe Begründungen nutzen. Legt man den Besuch auf den Vormittag, bietet sich im Altenheim z.B. das Mittagessen als natürliche Grenze der Besuchszeit an. Man kann auch einen Besuch so vereinbaren, dass er vor festen Veranstaltungsterminen liegt. Dadurch wird vermieden, dass im Rahmen einer regelmäßigen Reihe von Besuchen die Begrenzung der Einzelbesuche mit falschen oder vermuteten Begründungen belastet wird. Ähnliche Funktion können feste Absprachen mit der eigenen Familie übernehmen. Wenn ich meiner Tochter versprochen habe, sie ins Bett zu bringen, oder wenn ich zugesagt habe, zum Abendbrot wieder zu Hause zu sein, ist dies eine klare Zeitgrenze, die mein Gegenüber akzeptieren wird, weil er von mir auch erwartet, dass ich mich an den nächsten mit ihm vereinbarten Termin halte. Entscheidend ist letztlich, dass ich klare Signale aussenden kann, wie weit der zeitliche Rahmen für den jeweiligen Besuch gesteckt ist. Wird das vorhandene Zeitlimit zudem an passender Stelle frühzeitig angesprochen, bedarf der Aufbruch am Ende keiner eigenen Begründung mehr.

Dennoch sollte man gesetzte Zeitgrenzen nie absolut setzen, denn mitunter kann es aus dem Gesprächsverlauf heraus notwendig sein, auch mal länger zu bleiben als ursprünglich geplant. Wenn sich ein Gespräch, zum Beispiel bei einer Lebenserzählung, gerade mit sehr aufwühlenden, schwierigen Passagen oder Problemen des Lebens beschäftigt, sollte man darauf achten, den Gesprächspartner nicht in einer schwierigen Gesprächssituationen plötzlich hängen zu lassen, nur weil die Zeit abgelaufen ist. Es wäre nicht gut, würden seine Gedanken weiter um das zuletzt Erzählte kreisen, weil Wichtiges noch ungesagt und unverstanden blieb, da der Besucher plötzlich aufbrechen musste. Soweit es möglich ist, sollte man versuchen, solche Themen vorher zu einem Ende zu bringen, den anderen aus der belastenden Gesprächssituation herauszubegleiten und das Gespräch auf Themen oder Ereignisse zu lenken, die eine harmonische Beendigung des Gesprächs zulassen. Wo all dies nicht möglich ist, weil unaufschiebbare Termine den Abbruch eines Gesprächs erzwingen, sollte man dann zumindest eine Fortsetzung des Gesprächs in kürzerem Abstand anbieten können.

Es gibt aber auch Momente, in denen der Besuchende von sich aus einen Besuch vorzeitig abbrechen sollte, unabhängig vom festen Zeitrahmen des Gesprächs. Gerade bei älteren und kranken Menschen muss man die körperlichen und geistigen Grenzen der Belastbarkeit beachten. Dabei gilt es, die Signale wahrzunehmen, die der andere aussendet. Wenn ich spüre, dass es dem anderen möglicherweise zu viel wird oder ihn etwas zu sehr belastet, dann kann ich ihm zu verstehen geben, dass wir das Gespräch auch gerne ein andermal fortsetzen können. Die regelmäßige Dauer und das geplante Ende der jeweiligen Besuchszeit sollen für alle Beteiligten eine Hilfe sein und kein Gesetz. Letztlich bestimmt die konkrete Situation, wann ein Gespräch sein Ende finden kann oder muss.

Dennoch bleibt es meist die Aufgabe der Besuchenden, das Ende des Besuches zu gestalten. Jede Verabschiedung bedeutet eine Unterbrechung des Gesprächs, und deshalb kann es hilfreich sein, auch die Verabschiedung bewusst zu gestalten. Konkrete Formen erleichtern es zudem, dem Gespräch und dem Besuch einen harmonischen Abschluss zu geben. Es wird dadurch deutlich, dass ein Abschnitt gemeinsamer Zeit jetzt zu Ende geht, aber sie können auch darauf verweisen, dass die Besuchsbeziehung weitergehen soll, dass man einander nicht vergisst, auch wenn man auseinander geht.

Im kirchlichen und gemeindlichen Besuchsdienst kann ein abschließendes gemeinsames Gebet oder Vaterunser diese Voraussetzungen erfüllen. Sofern man miteinander in freier Form beten kann, ist es z.B. möglich, etwas von dem während des Besuchs Gesagten ins Gebet mit aufzunehmen oder geäußerte Sorgen und Nöte noch einmal vor Gott gemeinsam auszusprechen. So kann das, was beide Gesprächspartner während der Besuchszeit beschäftigt hat, zusammenfassend aufgenommen und gleichsam bei Gott abgegeben werden. Zudem enthält das gemeinsame Gebet auch das unausgesprochene Versprechen, in der Folgezeit füreinander zu beten. So wissen sich beide auch außerhalb der Besuchszeiten über die gegenseitige Fürbitte miteinander verbunden.

Wo aufgrund anderer Prägung ein freies persönliches Gebet nicht möglich oder nicht erwünscht ist, kann auch ein gemeinsames Vaterunser oder ein anderes liturgisches Gebet als festes Element den Gesprächsabschluss erleichtern. Auch dadurch stellen sich Besucher und Besuchter gemeinsam in einen weiteren Rahmen, schauen gemeinsam über die eigene Situation hinaus, indem sie sich mit ihrem Gebet bewusst in die Gemeinschaft aller Christen hineinstellen. Mitunter kann auch ein passendes Lied oder ein zum Gesprächsthema passender Bibelvers als Zusammenfassung des vorher Besprochenen dienen, jedoch setzt dies eine entsprechend gute Bibel- und Liedkenntnis voraus. Hilfreich ist jedenfalls, wenn am Ende des Gesprächs deutlich wird, dass das Gesagte nicht unbeachtet verhallt und dass nicht einfach im Raum stehen bleibt, was angesprochen wurde.

Deshalb sollte auch, wer derartige kirchlich geprägte Elemente im Besuchsdienst für sich selbst lieber vermeiden möchte oder es mit Rücksicht auf die weltanschauliche Prägung des besuchten Menschen nicht nutzen will, dem offen geführten Gespräch eine Zusammenfassung und einen Ausblick geben.

Ich selbst nutze bei Gesprächen im Krankenhaus häufig die Möglichkeit, dem, der mir etwas aus seinem Leben und von seinen Problemen erzählt hat, für das geschenkte Vertrauen zu danken und deutlich zu machen, was ich aus dem Gespräch mitnehme, was mich beeindruckt hat, was ich neu gelernt habe oder worüber ich weiter nachdenken möchte.

Solche wertschätzende Zusammenfassung macht dem anderen deutlich, dass der Besuch auch mir etwas gebracht hat, dass ich als Besucher beschenkt nach Hause gehe. So ist es nicht nur der Besuchte, der sich bei mir für den Besuch bedanken muss. Zudem enthält eine solche Aufnahme des zuvor Besprochenen auch den Ausblick, dass nicht vergessen wird, worüber man vorher gesprochen hat, sondern dass es bei einem nächsten Besuch weiter erörtert und weiter bedacht werden kann. Das entlastet von der Angst, missverstanden worden zu sein oder Wichtiges nicht gesagt zu haben. Man kann es dann ja beim nächsten Mal wieder ansprechen, weiterführen oder richtig stellen.

Aus diesem Grund sollte der Besuch nach Möglichkeit nicht enden, ohne dass ein nächster Besuchstermin oder wenigstens der nächste telefonische Kontakt abgesprochen wurde, damit klar ist, wann das Gespräch weitergehen wird. So ist zugleich der Rahmen für die Zeit bis zum nächsten Gespräch gesetzt.

Zum Abschluss des Gesprächs gehört auch, das Gespräch im Nachhinein noch einmal für sich selbst zu überdenken. Dabei kann es hilfreich sein, besprochene Themen oder genannte biographische Daten, die einem wichtig erschienen oder weiter beschäftigen, kurz zu notieren, um beim nächsten Besuch daran anknüpfen zu können. Solche Notizen helfen zugleich dabei, ein Gespräch bewusst abzuschließen und die Gedanken für anderes frei zu machen, ohne dass etwas Wichtiges vergessen oder verdrängt wird. Das Gespräch endet schließlich nicht mit diesem einen Besuch. Es wird sich bei den nächsten Begegnungen fortsetzen, auch wenn es für diesen Tag einen vorläufigen Abschluss gefunden hat.

Kapitel 7

»Warum kommst du nicht öfter ...?«

Vom Umgang mit der Zeit

»Der Tag hat nur 24 Stunden, aber wenn das nicht reicht, nehmen wir eben die Nacht dazu.« Wenn einem vor lauter Terminen die Zeit davonläuft, mag man versucht sein, sich mit diesem Scherz zu trösten. Aber dieser Spruch macht zugleich deutlich, dass jedem Menschen nur eine begrenzte Menge Zeit zur Verfügung steht, und dieses Zeitbudget lässt sich nicht vermehren. Zu den 24 Stunden des Tages kann niemand auch nur eine einzige Minute hinzuaddieren. Vielmehr muss man eigentlich von den 24 Tagesstunden noch all jene abziehen, die nicht zur freien Verfügung stehen, will man das persönliche Zeitbudget eines Menschen erfassen.

Sechs bis acht Stunden brauchen wir durchschnittlich zum Schlafen, weitere für die Tätigkeiten, die unser Überleben ermöglichen, wie Essen, Einkaufen, Besorgungen, Körperpflege usw. Dazu kommt für diejenigen, die berufstätig sind, die große Zahl der Stunden, in denen der Lebensunterhalt verdient werden muss. Dann gibt es die Wegezeiten, Zeiten für notwendige soziale Kontakte, familiäre Verpflichtungen, Telefonate und den leidigen Papierkram, der in der modernen Gesellschaft zum Leben dazugehört.

Die dann noch verbleibende Restzeit ist das persönliche freie Zeitbudget eines Menschen. Dieses sieht für eine Studentin natürlich anders aus als für eine allein erziehende Mutter mit drei Kindern und ist bei einem verwitweten Senior im

Vorruhestand natürlich meist größer als bei einem berufstätigen Familienvater. Wo es den einen möglich ist, ihre Freizeit gleich auf mehrere Aktivitäten zu verteilen, sind die anderen oft froh, wenn ihnen im Laufe eines normalen Tages überhaupt etwas Zeit zur freien Gestaltung bleibt.

Während dem aktiven und berufstätigen Teil der Bevölkerung oftmals wenig Zeit bleibt, haben viele der Alten, die nicht mehr am gesellschaftlichen Leben teilnehmen können, mehr Zeit, als sie sinnvoll gestalten können. Ältere Menschen kommen im Schnitt mit weniger Schlaf aus als jüngere, sie brauchen dafür allerdings länger für die lebenserhaltenden Tätigkeiten, wie Einkaufen, Essen, die Körperpflege, das Ankleiden und das Reinigen ihres Wohnbereichs. Gerade in diesem Bereich aber entsteht zusätzliche freie Zeit, wenn den Hochbetagten im Altenheim die Essenszubereitung ebenso abgenommen wird wie die Wohnungsreinigung oder die alltäglichen Besorgungen. Dadurch verfügen ältere Menschen oft über ein sehr großes Zeitbudget, das sie bei eingeschränkter Gesundheit und abnehmender Leistungsfähigkeit oft nur schwer sinnvoll ausfüllen können.

Während im Rest der Gesellschaft das Gefühl vorherrschend ist, in einem Zeitnotstand zu leben, in dem jede Minute verplant und Zeit knapp ist, haben Senioren mitunter das Empfinden, dass zu viel Zeit vorhanden ist. Während der einen Gruppe die Zeit davonrennt, scheint sie auf der anderen Seite manchmal geradezu stillzustehen.

Entsprechend unterschiedlich ist daher auch das Zeiterleben. Zwei Wochen oder zwei Monate sind eine völlig andere Zeitspanne, wenn sie mit Terminen und Aktivitäten angefüllt sind, als wenn man sie im Rollstuhl oder Sessel sitzend damit verbringt, auf den nächsten Besuch zu warten. Wer sich im ehrenamtlichen Besuchsdienst engagiert, muss sich dieses unterschiedliche Zeitempfinden bewusst machen, wenn es um die Gestaltung eines regelmäßigen Kontaktes zu älteren Menschen geht. Der bei der Verabschiedung gesagte Satz: »Ich schau bei nächster Gelegenheit wieder rein«, kann dazu führen, dass der besuchte Senior nach einigen Tagen beginnt, auf den nächsten Besuch zu warten, während dem Besucher beim Blick in den Kalender hätte klar sein können, dass es diesen Monat sicherlich nichts mehr wird mit der »nächsten Gelegenheit«.

Aufgrund des unterschiedlichen Zeiterlebens und angesichts der völlig verschiedenen persönlichen Zeitbudgets birgt die zeitliche Gestaltung einer längeren Abfolge regelmäßiger Besuche die Gefahr ständiger Enttäuschungen. Während der im aktiven Alltagsgeschehen eingespannte Ehrenamtliche vielleicht stolz ist, sich wieder einmal zwei ganze Stunden für den Besuchsdienst frei genommen zu haben, wird dieser lang erwartete, vielleicht sogar herbeigesehnte Besuch auf der anderen Seite als schöne, aber viel zu kurze Zeit erlebt. Und dementsprechend ist die gemeinsame Zeit dann auch immer viel zu schnell vorbei, und Besuche ereignen sich aus dieser Perspektive betrachtet überhaupt viel zu selten. Ginge es nach dem Zeitempfinden der allein stehenden Senioren, könnte der Besucher kaum häufig genug vorbeikommen, während die verfügbare Zeit auf der anderen Seite Besuche normalerweise eben nur in bestimmten Abständen zulässt.

Wenn es nicht zu klaren Absprachen über Dauer und Rhythmus der Besuche kommt, ist beiderseitige Enttäuschung vorprogrammiert. Bei aller Dankbarkeit darüber, überhaupt besucht zu werden, wird doch immer wieder der leise Vorwurf herauszuhören sein, dass der Besuch eigentlich früher hätte stattfinden müssen. Dieser Vorwurf wird beim Gegenüber jedoch entweder als Undankbarkeit ankommen oder Schuldgefühle auslösen. Beides wird als Enttäuschung angesichts des aufgebrachten Engagements erlebt und kann auf Dauer zur Belastung der Beziehung werden.

Wenn der eine sehnsüchtig auf den nächsten Besuch wartet, während der andere die Zeit dafür erst bewusst einplanen muss, nützt es auch wenig, wenn der im ehrenamtlichen Dienst tätige Besucher über seinen vollen Terminkalender klagt und sein Gegenüber dem die Langeweile des Altenheimlebens entgegenstellt. Beides verschärft nur den Gegensatz im Zeitempfinden, denn wer keine anderen Termine in seinen Kalender eintragen kann als die nächsten Arztbesuche, den Frisör und vielleicht noch den eigenen Geburtstag, der wird es angesichts des vollen Terminplans der Besuchenden nur umso bedrängender empfinden, aus dem aktiven Leben der Gesellschaft ausgeschlossen zu sein. Und das Lamento über die Einsamkeit wird im Besucher das Gefühl hochkommen lassen, den Besuchsdienst eigentlich nie wirklich richtig und ausreichend zu machen, auch wenn er bereits sein Möglichstes tut.

Wenn es keinen festen Besuchsrhythmus gibt oder der nächste Besuchstermin nicht klar abgesprochen wird, beginnt auf der einen Seite das Warten: Ob mein Besuch wohl diese Woche noch kommt? Aber nächste Woche bestimmt! Und mit jedem Tag wächst die Erwartung und die Enttäuschung, wenn der erhoffte Besuch nicht erfolgt. Auf der anderen Seite macht sich irgendwann das Gefühl bemerkbar, eigentlich längst mal wieder mit einem Besuch dran zu sein, das schlechte Gewissen wächst und breitet sich aus, bis am Ende das Gefühl entsteht, sich beim nächsten Besuch erst mal entschuldigen zu müssen. Diese unangenehme Erwartung aber führt dazu, dass der Besuch noch weiter hinausgeschoben wird und die Peinlichkeit weiter wächst. Schließlich kostet es immer größere Überwindung, und am Ende sind alle Beteiligten enttäuscht, die Beziehung ist belastet.

Dieses Phänomen habe ich in meinem Gemeindedienst bei mir selber immer dann beobachtet, wenn ich am Ende eines Besuches den nächsten Besuch bei den älteren Gemeindemitgliedern nicht direkt abgesprochen und in meinen Terminkalender eingetragen hatte. Aufgrund meiner gleichzeitigen Tätigkeit als Krankenhausseelsorger und Gemeindepastor war mein Zeitbudget für Hausbesuche im Rahmen meines Dienstes sehr begrenzt, und ohne klare Absprachen wurden gerade die Besuchstermine immer wieder zur Manövriermasse in meiner Terminplanung, mit der Folge, dass die Zeiten zwischen den Besuchen grundsätzlich länger wurden, als eigentlich beabsichtigt.

Seitdem ich mich bemühe, den nächsten Besuch direkt abzusprechen, merke ich, wie entlastend dies für mich und die von mir besuchten Senioren ist. Sie brauchen bis zu dem abgesprochen Termin nicht auf mich zu warten, und ich kann bis dahin mit dem guten Gefühl leben, nicht erwartet zu werden. Sicherlich wünschen sich meine älteren und kranken Gemeindeglieder weiterhin ein häufigeres Erscheinen ihres Pastors, aber wenn ich Termine direkt abspreche, ist wenigstens klar, wann ich das nächste Mal komme. Dennoch kommt es natürlich immer mal wieder vor, dass ich einen im Voraus geplanten Besuch noch einmal absagen oder verschieben muss, doch dafür habe ich eigentlich stets Verständnis gefunden.

Klare Terminabsprachen helfen aber nicht nur, Enttäuschungen zu vermeiden. Wer einfach einen nächsten konkreten Termin vorschlägt, kann dem besuchten alten oder kranken Menschen signalisieren, wie das eigene Zeitbudget aussieht, wann also wieder ein Besuch möglich sein wird. Dies schließt natürlich nicht aus, dass man auch vor dem nächsten vereinbarten Termin vorbeischauen kann, wenn dies notwendig ist, aber zunächst ist einmal klar, wie und wann es weitergehen wird. Ein abgesprochener Besuchstermin enthält ja auch das Versprechen, weiter zur Begleitung bereit zu sein. Der Name, sichtbar im Terminkalender eingetragen, ist wie ein Unterpfand dafür, dass der Besuchte wichtig, bedacht und eingeplant ist. Die Terminabsprache tritt damit der Erfahrung vieler alter und kranker Menschen entgegen, in den Alltagsablauf der Gesellschaft nicht mehr eingeplant und damit bedeutungslos zu sein. Der Platz im Terminkalender der Besuchsdienstmitarbeiter symbolisiert gleichsam einen Platz im Leben der Gesellschaft.

Es hat sich in meinem Dienst bewährt, wenn ich mir bereits vor dem Besuch zwei Termine überlege: Zum einen den, an dem ich die betreffende Person im Normalfall zum nächsten Mal besuchen würde. Das ist der Termin, den ich bei einem normalen Verlauf am Ende des Gesprächs vorschlage. Zum zweiten überlege ich mir vorab einen Termin, den ich vorschlagen kann, wenn das Gespräch oder der Besuch sich so entwickelt, dass mir eine baldige Fortsetzung des Gesprächs notwendig erscheint.

Für einen sinnvollen Umgang mit dem eigenen Zeitbudget ist jedoch nicht nur eine gute Zeitplanung Voraussetzung, sondern auch die Kontrolle der wirklich für den Dienst aufgewandten Zeit. Ich habe mir selbst zur Angewohnheit gemacht, immer wieder einmal für mehrere Wochen die Zeiten genau zu notieren, die ich für bestimmte Arbeiten aufwende. Damit kann ich mir selbst gegenüber Rechenschaft ablegen, wie ich mit meinem begrenzten Zeitbudget umgehe. Dies kann auch gerade im Besuchsdienst hilfreich und notwendig sein.

Zum einen ist die Zeit des Besuchs z.B. im Altenheim oder am Krankenbett nicht identisch mit der Zeit, die ich für den Besuchsdienst aufbringen muss. Die Fahrzeiten zum Heim oder Krankenhaus, das Besorgen von Blumen oder das Erledigen kleiner Gefälligkeiten gehören ebenso dazu wie eventuelle Telefonate. Was auf den ersten Blick als kleinliche Aufrechnung von Minuten erscheinen mag, summiert sich am Ende manchmal durchaus zu zusätzlichen Stunden, die eben nicht mehr für anderes zur Verfügung stehen.

Werden im Rahmen einer regelmäßigen Betreuung einzelner Personen z.B. in Krankheitsphasen häufigere Besuche notwendig oder kommt der eine oder andere übernommene Behördengang hinzu, können aus zwei Besuchsstunden alle zwei Wochen schnell unter der Hand mehrere Wochenstunden werden, die auf einmal in den Besuchsdienst fließen. Es ist für jeden ehrenamtlichen Besucher wichtig, sich dies auch bewusst zu machen, wenn der Besuchsdienst auf Dauer mit der eigenen familiären und vielleicht beruflichen Situation verträglich gestaltet werden soll. Es ist gut, wenn man selber registriert, wie sich die eigene Zeitgestaltung verändert, bevor die Familie beklagt, dass die Mutter nur noch bei den Alten ist, oder dem Vater von seinen Kindern vorgehalten wird, dass er zwar ständig für die Mitglieder seiner Gemeinde unterwegs sei, er aber keine Zeit mehr für seine eigene Familie habe.

Eine Kontrolle der eigenen Zeitaufwendungen für den Besuchsdienst kann auch davor bewahren, sich selbst im gut gemeinten Engagement zu überfordern, denn die für den Besuchsdienst veranschlagte und eingeplante Zeit wird von der wirklich benötigten meist erheblich übertroffen. Die Länge trägt die Last, sagt ein altes Sprichwort, und die treue Begleitung alter Menschen kann über eine sehr lange Zeit gehen. Wenn dann unter Umständen mehrere begleitete Personen zunehmend Zeit erfordern, wenn für eigene Belastungsphasen keine freien Zeiträume mehr zur Verfügung stehen, dann kommt es am Ende zur Überforderung in der ehrenamtlichen Arbeit, die unweigerlich den Dienst beeinträchtigt und manchmal sogar zum Ausstieg aus dem Besuchsdienst führt.

Dies aber würde für die betreuten Personen den Verlust einer wichtigen Vertrauensperson und zugleich eine schwere Enttäuschung bedeuten. Eine von Anfang an durchgeführte Kontrolle der wirklich aufgewendeten Zeit hingegen kann die ehrenamtlich Helfenden davor bewahren, zu viele Verpflichtungen zu übernehmen, die dann nicht wirklich dauerhaft bewältigt werden können. Es ist besser, eine oder zwei Personen regelmäßig und bis ans Ende ihres Lebens zu begleiten, als bei sechs oder zehn Menschen immer mal wieder vorbeizuschauen, ohne dass es auf Dauer wirklich möglich ist, treu an der Seite dieser Menschen zu bleiben, wenn sie älter und schwächer werden.

Zudem gilt erfahrungsgemäß: Je näher das Sterben rückt, desto schwieriger wird auch die Begleitung. Und je belastender der Besuchsdienst zeitlich und psychisch wird, umso wichtiger ist es, dass die Besuchsdienstmitarbeiter genügend Freiräume – und das heißt: freie Zeiträume – haben, um sich von den wachsenden Belastungen zu erholen.

Fehlende Zeit kann verhindern, in solchen Situationen rechtzeitig Supervision in Anspruch zu nehmen oder einfach nur auf andere Gedanken kommen zu können. Deshalb sollte der Besuchsdienst schon in den normalen Zeiten nur einen kleinen Teil der freien Zeit beanspruchen, damit auch in belastungsreichen Zeiten genügend Freizeit übrig bleibt, um sich den anderen wichtigen Dingen im Leben zu widmen.

Ohne Zeiten für Erholung und Ablenkung, für das Leichte und Schöne kann in den schweren Etappen einer Begleitung alter Menschen kein Helfer wirklich hilfreich sein. Ob die dauerhafte Begleitung von Alten und Kranken tatsächlich eine Überforderung für diejenigen darstellt, die den Besuchsdienst tun, ist oft eine Frage des verbleibenden Zeitbudgets, denn der Tag hat, auch wenn ein Teil davon dem Besuchsdienst gewidmet wird, nur 24 Stunden, und man bekommt auch für die Erholung keine weiteren Minuten hinzugeschenkt.

Kapitel 8

»Kommst du mich auch dort besuchen ...?«

Besuche im Krankenhaus

Jeder, der einen Menschen im Alter über einen längeren Zeitraum hinweg begleitet, wird irgendwann mit der Nachricht konfrontiert, dass die oder der Betreffende im Krankenhaus liegt. Je höher das Alter, desto häufiger werden Krankenhausaufenthalte nötig. Die poröser werdenden Knochen alter Menschen brechen leichter, es stellen sich öfter Erkrankungen innerer Organe ein, und mit zunehmender Gebrechlichkeit verliert der Körper mehr und mehr die Fähigkeit, ohne intensivere medizinische Betreuung auszukommen. Auch die typischen Alterskrankheiten wie Diabetes und Herz-Kreislauferkrankungen, aber selbst eine einfache Grippe können für einen älteren Menschen mitunter einen Krankenhausaufenthalt notwendig machen, da das Immunsystem nicht mehr so schnell und effektiv reagiert wie bei einem Jüngeren.

Das Krankenhaus oder eine Altenpflegestation ist zudem, zumindest in städtischen Gebieten, häufig auch der Ort der letzten Lebensphase und der Ort, an dem die alt gewordenen Menschen sterben. Zwar wünschen sich nach wie vor 80 Prozent aller Befragten, zu Hause im Kreis ihrer Angehörigen zu sterben, aber die Realität sieht anders aus: 80 Prozent aller Bundesbürger beenden ihr Leben in einem Krankenhaus oder einem Altenpflegeheim.

Wenn einem beim Betreten eines Krankenhauses zuweilen ein mulmiges Gefühl durch den Magen geht, dann hängt dies auch damit zusammen, dass Krankenhäuser eben nicht nur

Gesundheitszentren sind, in denen Menschen Heilung gebracht wird, sondern auch Häuser, in denen gestorben wird. Dieses Wissen schwingt unterbewusst häufig mit, wenn man ein Krankenhaus oder eine Altenpflegestation betritt und dies nicht regelmäßig tut. Zudem kann man ja nie genau wissen, wie es demjenigen, den man besuchen möchte, gerade geht, wenn man kommt.

Darüber hinaus ist das Krankenhaus eine ganz eigene, für die meisten Besucher fremde Welt. Es riecht in den Fluren intensiv nach Desinfektions- und Reinigungsmitteln, die Hinweisschilder mit den medizinischen Stationsnamen erschließen sich nicht sofort, und die Vielzahl der Gänge und Türen vermittelt ein Gefühl der Unsicherheit. Aufgrund der vielen Ärzte und des Pflegepersonals, das ständig in Bewegung ist, kommt schnell der Gedanke auf, man würde eigentlich stören, und angesichts der medizinischen Gerätschaften kann einem mitunter angst und bange werden, etwas falsch zu machen. Man braucht am Anfang als Besucher unter Umständen Überwindung, um nicht dem Drang nachzugeben, das Krankenhaus möglichst schnell wieder zu verlassen.

Nun ist das Krankenhaus durchaus eine Organisation, in der man als Besucher einiges falsch machen kann, und das fängt schon bei den Besuchszeiten an. Doch im Normalfall gestaltet sich ein Besuch im Krankenhaus problemlos, wenn man ein paar grundlegende Regeln beachtet und weiß, wann die günstigen Zeiten für einen Besuch liegen. Besonders am Vormittag besteht in den meisten Krankenhäusern kaum Aussicht, einen ungestörten Krankenbesuch machen zu können, da Anwendungen, Untersuchungen und Visiten vielfach in dieser Zeit liegen. Zwar haben die meisten Krankenhäuser heutzutage keine festen Besuchszeiten mehr, aber im Normalfall sind der Nachmittag und die frühen Abendstunden die günstigsten Zeiten, um Besuche auf einer Krankenstation zu machen.

Die Umstrukturierungen im Gesundheitswesen der letzten Jahre haben dafür gesorgt, dass die durchschnittlichen Liegezeiten, also die Tage, in denen Patienten im Krankenhaus bleiben müssen, sich drastisch verkürzt haben. Sobald eine ambulante Versorgung zu Hause möglich ist, werden die Patienten wieder entlassen. Um einen unnötigen Gang zu vermeiden, falls der oder die Betreffende bereits wieder nach Hause entlassen werden konnte oder ein geplanter Eingriff kurzfristig noch einmal verschoben werden musste, empfiehlt es sich, vor einem Besuch im Krankenhaus anzurufen. Außerdem kann man so erfahren, auf welcher Station ein Patient liegt und wann man ihn am besten besuchen kann.

Im Krankenhaus selber liegt die Organisation der Pflege auf den einzelnen Stationen bei den Stationsschwestern. Wenn man sich dort vor dem Betreten eines Krankenzimmers meldet und sagt, wen man im Rahmen des ehrenamtlichen oder kirchlichen Besuchsdienstes besuchen möchte, wird zum einen für das Klinikpersonal deutlich, dass man die zu besuchende Person regelmäßig betreut. Zum anderen kann einem die Dienst habende Schwester dann auch gleich sagen, ob ein Besuch gerade günstig ist und ob es irgendetwas zu beachten gibt.

Im Normalfall dürfen die Schwestern und Pfleger keine Auskünfte über den Gesundheitszustand eines Patienten geben, ohne dass der Patient oder die Patientin dies genehmigt. Dennoch wird einem, gerade wenn man häufiger Besuche im Krankenhaus macht und das Personal weiß, dass man im ehrenamtlichen oder kirchlichen Besuchsdienst tätig ist, mitunter das eine oder andere über das Befinden des Patienten gesagt. Das erleichtert es zwar, sich auf die Situation einzustellen, die einen hinter der Krankenzimmertür erwartet, für das folgende Gespräch mit dem Patienten können aber in solchen Vorabinformationen auch einige Probleme liegen. Es ist schwerer, sich die Situation unvoreingenommen vom Kranken selbst schildern zu lassen, wenn man aufgrund der zuvor erhaltenen Informationen schon zu wissen glaubt, wie sich der andere gerade fühlt. Wird mir zum Beispiel gesagt, dass die Person, zu der ich will, gerade eine Krebsdiagnose mitgeteilt bekommen hat, kann ich kaum noch unbefangen das Krankenzimmer betreten, und meine Reaktion wird sicherlich nicht mehr so spontan und ehrlich sein, als wenn mir der, den ich besuche, von seiner Erkrankung selbst als Erster erzählt. Und vielleicht möchte mein Gesprächspartner mir auch gar nicht, oder zumindest noch nicht jetzt, davon erzählen, und das Gespräch kann zu einem Versteckspiel werden, in dem wir beide zu verbergen suchen, was wir jeweils wissen.

Meiner Erfahrung nach ist es selten nötig und sinnvoll, vorab zu erfahren, wie es dem Kranken geht, denn meist wird er selbst davon erzählen, wie er sich gerade fühlt. Ich kann dann ganz unbefangen reagieren, und derjenige, den ich besuche, kann entscheiden, was er mir erzählen will und was nicht. Manche Information, manche im Moment noch nicht verarbeiteten Gedanken mag er sich vielleicht auch für unser nächstes Gespräch im vertrauten häuslichen Rahmen aufheben, wo mehr Ruhe und Zeit zum Reden ist und keine Mitpatienten zuhören.

Auch wenn man das Krankenzimmer ohne Vorabinformationen betritt, sollte man sich jedoch vor dem Besuch im

Krankenhaus bewusst machen, dass der Krankenhausaufenthalt für jeden Patienten eine Ausnahmesituation darstellt. Herausgerissen aus der gewohnten Umgebung muss er auf einmal zusammen mit fremden Menschen ein Zimmer teilen. Der gewohnte Tagesablauf wird plötzlich durch die Essens- und Behandlungszeiten im Krankenhausablauf ersetzt, die Bewegungsfreiheit ist eingeschränkt und eine normale Freizeitgestaltung ausgeschlossen. Es gibt meist keine Rückzugsmöglichkeit, der Patient steht unter Beobachtung durch Ärzte und Schwestern, und seine Intimsphäre wird beeinträchtigt, wenn normalerweise selbst verrichtete Tätigkeiten, wie zum Beispiel der Gang zur Toilette, auf einmal pflegerischer Unterstützung bedürfen.

In dieser Ausnahmesituation ist auch mein Besuch im Rahmen des Besuchsdienstes kein normaler Besuch. Ich muss damit rechnen, dass die Reaktionen meines Gegenübers anders sein können, als ich es von meinen Besuchen in der häuslichen Umgebung her gewohnt bin. Die veränderte gesundheitliche Situation kann dazu ebenso beitragen wie die ungewohnte Umgebung. Diesmal bin ich nicht Gast im Wohnzimmer des anderen, sondern ich betrete unvermittelt sein Schlafzimmer. Die alte Dame, die ich sonst stets ordentlich frisiert und angekleidet erlebt habe, liegt nun vielleicht im Nachthemd vor mir im Bett, ihre Haare sind ungewaschen, und ich sehe sie vielleicht zum ersten Mal ohne ihren Zahnersatz.

Die neue Situation im Krankenhaus verändert mitunter schlagartig die Beziehung zwischen Besucher und Besuchtem, denn sie gewinnt eine neue Form von Intimität. Man begegnet sich durch die Krankenhaussituation offener und ungeschützter als vorher. Der Besuch am Krankenbett zeigt dem Erkrankten, dass ich sie oder ihn auch im Krankenhaus nicht im Stich lasse, dass ich bereit bin, auch schwierige Wegstrecken als Begleiter mitzugehen. Hier besteht das Besuchsverhältnis gleichsam eine Bewährungsprobe, nämlich ob das Angebot der Begleitung nur für die guten Tage gilt oder auch für die schweren. Insofern ist der Besuch am Krankenhausbett nicht nur eine Anstandspflicht im Besuchsdienst, sondern eine echte Chance, dem anderen meine Achtung, Wertschätzung und Zuneigung zu zeigen, auch und gerade wenn er sich selbst als schwach und hilfsbedürftig erlebt. Der Gang ins Krankenhaus enthält das unausgesprochene Versprechen, dass sich der alte oder kranke Mensch auf meine Begleitung auch bei schwierigen Wegstrecken verlassen kann.

Bin ich normalerweise der Gast, so kann ein Patient im Krankenhaus nun kaum den Gastgeber spielen. Er kann mir keinen Kaffee bereiten, keinen Kuchen anbieten, und sogar für die Blumen, die ich mitgebracht habe, muss ich mir die Vase selbst holen gehen. Mein Gegenüber hat sich für meinen Besuch nicht fein gemacht und sein Umfeld nicht extra aufräumen können. Umso wichtiger ist es, dass ich in dieser Situation seinen persönlichen Bereich, über den er noch verfügt, respektiere und ihn auch jetzt so behandle, als wäre ich der Gast und er der Gastgeber.

Es ist schon aus hygienischen Gründen unangebracht, sich auf das Bett eines Patienten zu setzen, aber vor allem wäre es ihm gegenüber ungebührlich. Ich bin beim Krankenhausbesuch zwar notgedrungen Gast in seinem Schlafzimmer, aber nicht Gast auf seinem Bett. Wenn ich zunächst am Bett stehen bleibe, gebe ich dem anderen die Chance, ein wenig von der Normalität zu wahren, in der er sonst Gastgeber ist. Er kann mich auffordern, mir einen Stuhl zu holen und an seinem Bett Platz zu nehmen, und auf diese Weise eine Einladung zum Gespräch aussprechen.

Auch das Gespräch am Krankenbett wird sich in Inhalt und Form häufig von einem normalen Besuch unterscheiden. Noch mehr als sonst bildet der Besucher oder die Besucherin die wesentliche Brücke zur Außenwelt und zum normalen Alltag. Vielleicht gilt es Dinge zu erledigen, Besorgungen oder Behördengänge zu machen. Vielleicht gehen die Sorgen dahin, wie der Hund versorgt, die Katze gefüttert oder die Blumen gegossen werden können. Wenn es keine Angehörigen gibt, die sich um diese Dinge kümmern, kann es vielleicht Aufgabe des Besuchsdienstes sein, sicherzustellen, dass die Patientin beruhigt im Krankenhaus liegen kann und regelmäßig erfährt, dass Blumen und Tiere gut versorgt sind.

Neben dem offenen Ohr für die Nöte, die sich aus dem Krankenhausaufenthalt und der Krankheit selbst ergeben, wird es gerade in dieser Zeit darum gehen, dem anderen zu signalisieren, dass er oder sie über alles reden kann, was sie bedrückt. Was zuvor bereits über das aktive Zuhören ausgeführt wurde, gilt im verstärkten Maße für die Situation am Krankenbett. Die Bereitschaft, sich auch harte, schmerzhafte Worte der Klage anzuhören, sich den Gefühlen von Ohnmacht und Resignation auszusetzen, die bei längeren Krankenhausaufenthalten unvermeidlicherweise kommen, all dies gibt dem Kranken den Raum, sich das vom Herz zu reden, was ihn gerade besonders belastet. Er braucht für die Leidenszeit einen Partner oder eine Partnerin, die dies ertragen, mit durchtragen und für alle Äußerungen Verständnis aufbringen, soweit ihnen dies möglich ist.

Bei alledem bleibt zu beachten, dass bei dem Gespräch in der Regel andere Patienten mithören können und der vertraute Rahmen der geschützten Wohnung nicht gegeben ist. Jederzeit können weitere Besucher hereinkommen, kann die Schwester vorbeischauen oder anderes Krankenhauspersonal erscheinen. Vor allem aber die Mitpatienten sind mitunter ganz Ohr, worüber am Nachbarbett gesprochen wird. Deshalb sollte gerade auch in dieser Situation der Patient oder die Patientin bestimmen, worüber wir gemeinsam reden und als Besucher muss ich selbst darauf achten, nicht persönliche Dinge anzusprechen, von denen ich nicht weiß, ob mein Gegenüber möchte, dass die anderen Patienten sie mitbekommen.

Eine besondere Situation ergibt sich noch einmal dann, wenn für die Person, die ich regelmäßig besuche, während des Krankenhausaufenthalts eine Zeit auf der Intensivstation notwendig wird. Für einen Außenstehenden ist dieser Teil des Krankenhauses mit den vielen Apparaten, den verschiedenfarbigen Kurven auf den Monitoren, den Kabeln und Schläuchen, an die die Patienten angeschlossen sind, noch einmal eine Welt für sich. Dies wird schon dadurch deutlich, dass man als Besucher am Eingang empfangen wird, man sich zumeist Schutzkleidung überziehen und die Hände desinfizieren muss. Je nach dem, welche Operation ein Patient hinter sich hat, kann es sein, dass er künstlich beatmet wird oder dass er aufgrund starker Medikamente nicht oder nicht angemessen reagieren kann.

In diesen Situationen habe ich es auch als Krankenhausseelsorger immer wieder als bedrückend erlebt, wie hilflos man als Besucher am Krankenbett stehen kann. Man möchte gern helfen, kann aber nichts tun, darf und will auch gar nichts anfassen, weil immer irgendwo ein Signal piepst oder sich die Kurven auf dem Monitor verändern, wenn sich der Patient bewegt. Wenn dann auch noch kein Gespräch möglich ist, weil das Reaktionsvermögen des Patienten eingeschränkt ist oder ein Beatmungsgerät das Sprechen unmöglich macht, kann der Besuchsdienst am Krankenbett wirklich zu einer belastenden Aufgabe werden, weil man mit seiner eigenen Ohnmacht konfrontiert wird und weil anwesend zu sein und vielleicht die Hand halten zu können scheinbar das Einzige ist, was man für den anderen tun kann.

Doch auch wenn kein Gespräch zustande kommen kann, ist der Besuch gerade hier auf der Intensivstation wichtig. Selbst wenn der Patient sediert, also durch Medikamente schmerzunempfindlich gemacht und körperlich und geistig ruhig gestellt worden ist, nimmt er doch einiges von dem wahr, was um ihn herum geschieht. So kann die Gegenwart von Angehörigen oder von vertrauten Personen ihn beruhigen und der Klang einer bekannten Stimme sein Ohr noch erreichen, selbst wenn er mit den anderen Sinnen nur noch eingeschränkt wahrnimmt.

Häufig werden auf Intensivstationen aus diesem Grund zunächst nur die nächsten Angehörigen zu den Patienten gelassen. Aber als Mitarbeiter oder Mitarbeiterin im ehrenamtlichen Besuchsdienst wird man im Normalfall doch Einlass auf die Intensivstation finden, sofern nicht schon zu viele Angehörige als Besucher kommen. Sollte einem als Nichtangehöriger von Seiten des Personals der Zugang zur Intensivstation verweigert werden, kann man immer noch versuchen, Kontakt mit dem Krankenhausseelsorger aufzunehmen, der für das Haus oder diese Station zuständig ist. Oftmals sind die Krankenhausseelsorger ohnehin die Ansprechpartner der ehrenamtlichen Dienste im Krankenhaus und es ist ihnen daher meist möglich, entweder einem Besuchsdienstmitarbeiter den Zugang zur Intensivstation zu ermöglichen oder zumindest die Grüße des Besuchers ans Bett des Kranken zu übermitteln.

Für den Besuch auf der Intensivstation gilt ansonsten dasselbe wie für den Besuch auf einer normalen Station. Es versteht sich von selbst, dass man die Anweisungen des Personals beachten muss und nichts am Patientenbett verändern darf. Dies gilt auch, wenn Patienten zu ihrem eigenen Schutz fixiert, also z.B. angebunden sind, damit sie sich unter der Betäubung nicht versehentlich wichtige Zuleitungen herausziehen oder Kabel abreißen. Es ist zwar belastend, wenn man angesichts der Notwendigkeiten der intensivmedizinischen Behandlung nur am Bett stehen und zusehen kann, dennoch ist es in diesen Phasen der Intensivtherapie wichtig, da zu sein, eine Weile die Hand der Besuchten zu halten und zu ihnen zu sprechen, wenn man schon nicht mit ihnen sprechen kann.

Den anderen bewusst anzusprechen ist auch bei beatmeten und nicht reaktionsfähigen Personen sinnvoll. Selbst Personen, die im Koma liegen, spreche ich mit ihrem Namen an, bevor ich etwas zu ihnen sage. Auch wenn man keine sichtbare Reaktion erwarten kann und man sich dabei komisch vorkommt, ist es sinnvoll, auch den eigenen Namen laut und deutlich zu nennen, sich also dem anderen zu erkennen zu geben, auch wenn er es nicht bewusst wahrnehmen wird. Der Klang der vertrauten Stimme kann unter Umständen auch durch tiefe Betäubung hindurch noch Nähe vermitteln, genau wie das Streicheln oder Halten der Hand beruhigend wirken kann. Wenn einem danach ist oder man auch bei anderen

Besuchen miteinander gebetet hat, kann man ein Gebet am Bett des Patienten sprechen oder auch einfach nur still eine Weile am Bett sitzen. Wichtig ist es, überhaupt da zu sein. Selbst wenn es in dieser Situation nicht bewusst wahrgenommen wird, im Nachhinein wird es gut für die weitere Begleitung sein, in dieser Extremsituation da gewesen zu sein.

Wenn man nicht regelmäßig mit der Situation auf einer Intensivstation zu tun hat, kann es mitunter schwierig sein, beim Verlassen der Station die Eindrücke und Gefühle, die in einem hochkommen, einfach abzuschütteln. Angesichts der modernen Intensivmedizin drängt sich Besuchern immer wieder neu die Erkenntnis auf, dass die Medizin hier in Grenzbereichen des Lebens arbeitet und dass es eben nicht selbstverständlich ist, gesund zu sein. Wenn ich jemanden, mit dem ich mich sonst lebhaft unterhalten habe, in einem Zustand erlebe, in dem er oder sie nicht mehr reagieren kann, dann wird mir auch meine eigene Sterblichkeit neu vor Augen gestellt. Eine solche Konfrontation mit den Grenzen des Lebens streift man nicht einfach ab.

Mir hat es nach solchen Besuchen auf intensivmedizinischen Stationen am besten geholfen, mir zunächst klar zu machen, dass es gut und wichtig war, was ich gerade getan habe. Weil der besuchte Patient es einem in dieser Situation nicht selbst sagen kann, muss man sich selbst das Lob zusprechen, das man sich für diesen Besuchsdienst verdient hat. Und dann habe ich mir hinterher oft zur Belohnung noch etwas Gutes getan, mir ein Eis oder ein Bad oder einen Spaziergang im Park gegönnt. Wenn man der Bedrohtheit des Lebens begegnet, ist es hilfreich, anschließend bewusst und intensiv die schönen Seiten des Lebens wahrzunehmen und zu genießen.

Es gehört mit zu den Aufgaben eines jeden Besuchsdienstmitarbeiters, dafür zu sorgen, dass die belastenden Situationen eingebettet werden in positive Momente, in denen die eigene Seele Zeit hat, das Erlebte zu verarbeiten und in die Normalität des eigenen Alltags zurückzufinden. Gerade für die dauerhafte Begleitung schwer kranker älterer Menschen ist dieser Ausgleich unerlässlich. Nur wenn das Leben weitergeht und auch positive Erlebnisse bringt, können daraus die Kraft und Ermutigung erwachsen, den Dienst auch dann weiter zu tun, wenn er als besonders belastend erlebt wird.

Kapitel 9

»Bleib an meiner Seite ...«

Begleitung in der letzten Lebensphase

Bei der Begleitung alter und kranker Menschen steht der Tod immer mit im Raum. Nicht, dass Tod und Sterben ständig Thema wären, nicht, dass die Begleitung Älterer stets eine traurige oder ernste Sache wäre. Ganz im Gegenteil. Wenn Menschen mit Lebenserfahrung aus ihrem Leben erzählen, dann tun sie dies oft mit viel Humor, und mit manchen Hochbetagten kann man fröhlicher und ausgelassener feiern und sich freuen als mit Menschen, die weniger Jahre in die Waagschale werfen können.

Doch bei aller Freude und Lebensqualität, die auch im Alter noch möglich ist, die Erkenntnis lässt sich nicht verdrängen, dass die verbleibende Lebenszeit eine sehr begrenzte ist, dass Gesundheit eher die Ausnahme als die Regel ist und dass mit den nachlassenden Kräften auch die Möglichkeiten der Lebensgestaltung geringer werden. In unserer modernen Gesellschaft wird das Thema Tod und Sterben zumindest bei den jüngeren Generationen weitgehend aus dem Bewusstsein verdrängt, obwohl auch junge Menschen jeden Tag sterben können. Mit dem Tod will man sich nach Möglichkeit nicht beschäftigen, solange man nicht dazu gezwungen wird. Ältere Menschen aber können dieses Thema nur erheblich schwerer verdrängen, da sie am eigenen Leib erfahren, dass ihr Leben ein vom Tod bedrohtes Leben ist. Eine Generation, die nach und nach ihre Altersgenossen zu Grabe trägt, kann die Illusion, dies Thema berühre sie nicht, nicht auf Dauer aufrechterhalten.

Wer auf längere Zeit ältere Menschen begleitet, wird, wenn erst Vertrauen entstanden ist, irgendwann auch direkt dem Thema Tod und Sterben im Besuchsdienst begegnen, denn Besuchsdienst auf Dauer ist letztlich auch Begleitung zum Tode hin. Das heißt nicht, dass dies das Ziel des Besuchsdienstes wäre. Es geht bei den Besuchen vielmehr um eine Verbesserung der Lebensqualität in der letzten Lebensphase. Aber irgendwann wird diese Begleitung ein Ende haben, spätestens dann, wenn der Tod das Lebensende eines der beiden Seiten bringt. Und daher steht der Tod bei der Betreuung auch als mögliches Gesprächsthema immer im Raum.

Alte Menschen können dies Thema entweder plötzlich und unvermittelt oder auf indirekte Weise ins Gespräch bringen. Wenn wieder eine Nachbarin, ein Heimbewohner oder ein Angehöriger verstorben ist, dann wird auf einmal greifbar, dass am Ende jeder sein Leben loslassen muss. In solchen Momenten wird es von der Bereitschaft des Besuchenden abhängen, ob der Ältere eine Chance erhält, über dieses Thema zu reden. Hier ist es wichtig, auf die Signale zu achten. Auch wenn nur beiläufig erzählt wird, »wer in der letzten Zeit alles gestorben ist«, zeigt dies doch, dass sich der Betreffende auf sein eigenes Sterben vorbereitet und vielleicht auch darüber reden möchte.

Sich auf das Sterben vorzubereiten, ist ein langer Prozess. Das geschieht nicht durch ein Gespräch oder im Rahmen einiger weniger Besuche. Es ist vielmehr ein Hineinwachsen in das Wissen, dass man Abschied nehmen muss, Abschied von lieben Menschen, Abschied von den Freuden des Lebens, von den Dingen, die einem etwas bedeuten, aber eben auch

Abschied von der Möglichkeit, sein Leben zu gestalten. Im Idealfall ist die Sterbevorbereitung ein gleichmäßiger Prozess, in dem ein Mensch langsam, Stück um Stück, loslassen kann, was ihn ans Leben bindet. Das beginnt bereits im besten Lebensalter, wenn die körperliche Leistungsfähigkeit sich nicht mehr weiter erhöht, sondern langsam aber stetig zurückzugehen beginnt. Im Alter von etwa dreißig Jahren überschreitet der Mensch den Höhepunkt seiner körperlichen Leistungsfähigkeit. Danach, das zeigt sich im Hochleistungssport deutlich, kann die nachlassende Schnellkraft nur noch durch das Mehr an Erfahrung ausgeglichen werden. Und dennoch bleibt niemandem die bittere Erfahrung erspart, dass die Jüngeren schneller, kräftiger und belastbarer sind als man selbst.

Im Alter beschleunigt sich dieser Prozess, und der älter werdende Mensch muss mehr und mehr Abschied nehmen von eigenen Lebensgestaltungsmöglichkeiten. Irgendwann endet die Berufstätigkeit. Das Sehvermögen oder das Gehör lässt nach. Der Kreislauf macht längere Belastungen nicht mehr so mit. Die Wege werden beschwerlicher. Die Zeiten beim Arzt werden länger und die Intervalle zwischen den Arztbesuchen kürzer. Alt werden heißt loslassen lernen. Es gilt, manche Lebenspläne zu begraben und sich mit eingeschränkteren Chancen abzufinden, Abschied zu nehmen von lieben Menschen, die sterben, oder zu denen man den Kontakt nicht mehr halten kann. Und dann kommt irgendwann der Moment, wo die Wohnung oder das Haus zu groß wird und ein Zimmer im Altenheim oder bei den Kindern zum Lebensmittelpunkt wird. Und manchmal steht am Ende dann nur noch ein Bett und ein Nachttisch als eigener Lebensraum zur Verfügung.

Es fällt niemandem leicht, diesen Weg zu gehen und Ja zu sagen zu den vom Alter erzwungenen Veränderungen. Deshalb brauchen Menschen in dieser Situation Begleitung. Sie benötigen Gesprächspartner, bei denen es möglich ist, die Verluste zu beklagen, die Veränderungen zu verarbeiten und die neue Lebenssituation anzunehmen.

In solchen Situationen ist es ein allgemeines Bedürfnis jedes Menschen, von den Zeiten zu erzählen, als noch alles besser war, sich zu erinnern, wie es früher war, als das Leben noch nicht eingegrenzt, noch nicht vom Verfall gekennzeichnet war. Der Blick auf die eigene blühende Jugend ist Teil des Abschiednehmens, wenn der Körper welkt. Die gute Vergangenheit will erinnert werden, bevor die beschwerliche Gegenwart und die vielleicht drohende Zukunft angenommen werden kann.

Diese Erfahrung ist nicht auf alte Menschen beschränkt. Ich habe einmal eine noch relativ junge Frau, die vom Krebs schon völlig ausgemergelt war, im Krankenhaus auf dem Weg des Sterbens begleitet. Ihr war es wichtig, mir Fotos aus früheren Jahren zu zeigen, damit ich sehen konnte, wie sie vor ihrer Erkrankung ausgesehen hatte. Nur so konnte ich verstehen, was sie zurücklassen, wovon sie sich verabschieden musste, um sterben zu können.

Die häufige Erinnerung an die besseren früheren Zeiten ist also kein Phänomen des Alters, sondern entspringt der Notwendigkeit, den letzten Lebensabschnitt annehmen zu müssen. Sie ist nicht nur eine Flucht in die Vergangenheit, die besser und schöner war. Das gelebte Leben muss am Ende ebenso zurückgelassen werden wie die nicht genutzten Chancen der Lebensgestaltung, denn die Vergangenheit ist der Bereich, der sich nicht mehr verändern, höchstens noch verklären lässt. Das einmal gelebte Leben kann nicht rückgängig gemacht werden, und die Folgen dieses Lebens lassen sich nicht mehr ungeschehen machen. Versagen und Gelingen, Freude und Leid sind Teil jeder Lebensgeschichte und die Lebenserfahrung gehört ebenso unaufgebbar zu uns wie unser Körper.

Es gehört zu den Einsichten der Sterbebegleitung, dass man ein Leben besser loslassen kann, wenn man es mit einem anderen teilen, es ihm oder ihr erzählen kann. Die meisten Menschen brauchen am Lebensende etwa zwei bis drei Stunden, um das Wesentliche aus ihrem Leben zu erzählen, aber sie haben meist niemanden, dem sie ihre Lebensgeschichte erzählen und erklären könnten. Die eigenen Kinder sind meist Teil der Geschichte, und der Rest der Familie kann Opas Kriegserlebnisse schon nicht mehr hören und schenkt Omas Erinnerungen, wer wie mit wem verwandt ist, keine Beachtung, denn diese Geschichten scheinen nur für sie bedeutsam zu sein. Und dennoch braucht ein alter Mensch die Möglichkeit, sein Leben zu erzählen, um den Sinn des eigenen Lebens zu entdecken.

Manche Zusammenhänge werden erst deutlich, wenn man versucht, den eigenen Lebensweg zu erklären, anderes fällt einem erst wieder ein, wenn Entwicklungen beschrieben werden sollen. Alte Menschen, die ihre eigene Biographie erzählen, finden oft erst durch diese Lebenserzählungen heraus, wo die entscheidenden Weichenstellungen ihres Lebens waren. Sie entdecken mitunter erst im Erzählen die Bedeutung, die bestimmte Personen und Ereignisse für ihr Leben hatten. Und auch der Sinn des eigenen Lebens, die bleibenden Ergebnisse, die gültigen Überzeugungen sind oft nicht klar, bevor man nicht begonnen hat, sie einem anderen zu erklären.

Wer im Besuchsdienst die Chance hat und die Bereitschaft aufbringt, sich »die alten Geschichten« anzuhören und die gewonnenen Lebensweisheiten aufzunehmen, der hilft dem, der erzählt, sich aufs Sterben vorzubereiten. Im Zuhören wird deutlich, dass das erzählte Leben wichtig war, dass die gewonnenen Erfahrungen wertvoll sind. Damit wird deutlich, dass das gelebte Leben nicht sinnlos war. Der Erzähler kann mit der Darstellung seiner Lebensgeschichte gleichsam einen imaginären Schlussstrich ziehen und sagen: Das war mein Leben. Er kann eine Lebensbilanz erstellen, indem er die wichtigsten Personen und die bedeutsamsten Ereignisse seines Lebens erinnert und die wichtigsten Einsichten unterstreicht, die er im Laufe seines Lebens gelernt hat und die er weitergeben möchte.

Hier hat das aktive Zuhören eine ganz wesentliche Bedeutung. Indem wir einem Menschen die Lebensbilanz ermöglichen, zeigen wir ihm, dass er nicht umsonst gelebt hat. Wir brauchen uns bloß vorzustellen, wie schlimm es für uns wäre, wenn wir am Lebensende die Erfahrung machen müssten, dass niemand unsere Lebensgeschichte hören will. Es wäre unerträglich, wenn wir mit dem vernichtenden Urteil unser Leben abschließen müssten, dass unsere Lebenserinnerungen und unsere mühsam gewonnenen Einsichten es nicht einmal wert sind, überhaupt angehört zu werden. Aber genau diese Erfahrung machen heute viele alte Menschen, die niemanden haben, der ihnen ihre Lebensgeschichte abnimmt.

Und noch ein weiterer Punkt gehört dazu, Lebensbilanz zu ziehen. Niemandem von uns gelingt es, sein ganzes Leben so zu gestalten, wie wir es selbst gewollt haben. Entweder tun wir Dinge, die wir später lieber ungeschehen machen würden, oder andere Menschen oder widrige Umstände verhindern, dass unser Leben so gelingt, wie wir es uns wünschen. Es sind diese Wunden und Narben unseres Lebens, die am Lebensende besonders schmerzen und die in einer Lebenserzählung offen zu Tage treten können. Die falsch gestellten Weichen des Lebensweges, die unverziehenen Verletzungen und abgebrochene Beziehungen verhindern mitunter, dass Menschen zu ihrem Leben uneingeschränkt Ja sagen können. Manche unvergebene Schuld muss am Ende des Lebens noch einmal zur Sprache kommen, damit der imaginäre Schlussstrich gezogen werden kann. Manch ein belastendes Geschehen muss noch benannt und weitergegeben werden, damit es nicht völlig in Vergessenheit gerät.

Beim Erzählen der Lebensgeschichte können die gelungenen Aspekte der eigenen Biographie ebenso zur Sprache kommen wie das eigene Versagen. Manchmal sind es gerade die abgerissenen Lebensbeziehungen zu früheren Partnern, den Eltern oder Kindern, die miterzählt und erklärt werden müssen, und wo sich jemand schuldig fühlt, kann er in diesem Zusammenhang auch sein Bedauern aussprechen. Meist lässt sich das Versagen nicht wieder gutmachen, weil die Betroffenen nicht mehr leben oder kein Kontakt mehr besteht. Aber das Abschiednehmen von diesem Leben gelingt leichter, wenn das Bedauern über das eigene Versagen ausgesprochen wurde. Es ist eine Entlastung zu wissen: Da ist nun jemand, der versteht, warum es damals so geschah, und der weiß, dass es mir Leid tut. Die Schuld ist dann benannt und muss nicht unbereut mit ins Grab genommen werden.

So wichtig die Lebensbilanz, das Erzählen der eigenen Geschichte, für die Sterbevorbereitung ist, irgendwann ist der Blick zurück beendet. Irgendwann muss sich der Blick auch nach vorne richten, muss der Tod in den Blick genommen werden. Wer nicht unverhofft aus dem Leben gerissen wird, sondern wie viele gerade auch hochbetagte Menschen langsam auf den Tod zulebt, der muss sich irgendwann entscheiden, mit welcher Vorstellung vom Tod er sterben will. Doch angesichts der allgemeinen Verdrängung des Todesthemas aus der Gesellschaft finden auch alte Menschen selten jemandem, mit dem sie gemeinsam nach vorne blicken können. Die Angehörigen wiegeln meist ab: »Mach dir doch deswegen jetzt noch keine Gedanken!« Viele schrecken davor zurück, sich mit dem Gedanken auseinander zu setzen, ihre Mutter oder ihr Vater, ihre Oma oder ihr Opa könnten eventuell bald nicht mehr leben.

Insofern hat der ehrenamtliche Besuchsdienst bei alten und kranken Menschen auch hier eine besondere Verantwortung. Wo es möglich ist, sollte man dem gemeinsamen Blick nach vorne nicht ausweichen. Wenn die Besuchten über das Sterben, über die Beerdigung, über ein Testament oder über das, was nach dem Tod kommen mag, sprechen möchten, dann ist es auch die richtige Zeit dafür.

In solchen Situationen ist es mit aktivem Zuhören allein aber oft nicht mehr getan. Wenn man gemeinsam dem Tod ins Auge blickt, dann stehen die eigenen Lebensvorstellungen und -werte, dann stehen die eigenen Todesvorstellungen ebenso auf dem Spiel wie die Frage, was uns nach dem Tod erwartet. Jeder kann nur für sich selbst entscheiden, mit welcher Vorstellung vom Tod er sterben will und welche Hoffnung Bestand haben mag für das, was vielleicht danach sein könnte. Aber im gemeinsamen Blick nach vorne können Besucher und Besuchte einander Anteil geben an den eigenen Vorstellungen und Glaubensüberzeugungen. Es gilt daher der Frage nach dem Ende des Lebens und einer möglichen Hoffnung über den Tod hinaus nicht auszuweichen, sondern Rede und Antwort über die eigenen Erwartungen zu stehen.

Das zwingt jeden, der sich in diesem Bereich ehrenamtlich engagiert, sich selbst eine Antwort auf die Frage zu überlegen, mit welcher Vorstellung vom Tod er selbst leben und sterben möchte, und ob dazu eine Hoffnung gehört, die über den Tod hinausgeht. Man braucht selber klare und feste Überzeugungen, sonst kann man dem anderen nicht helfen, zu einer klaren Vorstellung zu kommen, mit der er sterben kann. Das gilt auch für die christliche Hoffnung auf Auferstehung und ewiges Leben. Man kann sie nur weitergeben und teilen, wenn man sie selbst hat. Aber entscheidend ist an diesem Punkt nicht die Unerschütterlichkeit des eigenen Glaubens, sondern die Offenheit und Ehrlichkeit im Blick nach vorn. Es ist bei solchen Fragen besser, zuzugeben, dass man selbst auf der Suche nach einer Antwort ist, als dem anderen eine Hoffnung einreden zu wollen, die einen selbst nicht überzeugt.

Gerade in diesem Bereich kann man aber immer wieder die Erfahrung machen, dass man im Besuchsdienst nicht immer derjenige sein muss, der etwas gibt und bringt, sondern dass man von denen beschenkt wird, die man betreut. Wer von alt gewordenen Menschen Vertrauen geschenkt bekommt und Anteil an ihrer Lebensgeschichte und ihren Glaubens- und Lebensüberzeugungen nimmt, gewinnt einen Schatz an Erfahrungen, den er sich selbst nur mühsam im Leben erarbeiten könnte. Und wer Menschen auf der letzten Wegstrecke ihres Lebens begleitet hat, dem wird es am Ende leichter fallen, die Frage zu beantworten, mit welcher Überzeugung oder Glaubenshaltung er selbst einmal sterben möchte. Es ist gleichsam das Vermächtnis derer, die besucht werden, dass diejenigen, die sie besuchen, aus ihrem Leben und Sterben, aus ihren Erfahrungen und Überzeugungen für ihr eigenes Leben und Sterben lernen dürfen.

Dies kann mitunter ganz praktisch geschehen, wenn das Gespräch auf Themen kommt, die direkt oder indirekt mit dem Sterben zu tun haben. Wie möchte der alte Mensch seine Beerdigung geregelt haben? Welche Wünsche hat er in seinem Testament geäußert? Welche Vorstellungen hat er über lebensverlängernde Maßnahmen bei einer unheilbaren Krankheit? All dies sind Gesprächsthemen, die auftauchen können, wenn die Bereitschaft besteht, gemeinsam offen nach vorn zu blicken. Dann ist vielleicht das eine oder andere zu klären, aber meist wird es darum gehen, zu verstehen, was demjenigen wichtig ist, der sich auf den Tod vorbereitet.

Es ist nicht immer leicht, herauszuhören, welche Ängste, Sorgen oder Befürchtungen bei diesen Themen mitschwingen. Da in unserer Gesellschaft offene Gespräche über Tod und Sterben selten sind, fehlen vielen die Worte dafür, und manches wird nur angedeutet, nicht ausgesprochen. Man redet über Testament und Nachlass statt über das, was der Tod aus einem macht. Man diskutiert die Gefahren der Intensivmedizin, anstatt darüber zu reden, ab wann man zu sterben bereit ist. Aber in der Verteilung des Erbes liegt das Eingeständnis, dass man nichts mitnehmen kann in den Tod, und ein Stück bewusstes Abschiednehmen von Dingen, die einem wichtig sind. Und wer sich Regelungen für eine Patientenverfügung überlegt, die den Sterbeprozess betreffen, beginnt damit, sich an den Gedanken der eigenen Sterblichkeit zu gewöhnen.

Doch für diesen Prozess, der Teil der Sterbevorbereitung ist, brauchen alte Menschen Zuhörer und Begleiter, die vor diesen Themen nicht zurückschrecken, die vor dem, was kommt, nicht die Augen verschließen. Wenn alte und kranke Menschen in ihrer letzten Lebensphase lernen müssen, vom Leben Abschied zu nehmen, dann liegt die Herausforderung für die Besuchsdienstmitarbeiter darin, auch rechtzeitig anzufangen, sich gleichfalls auf den Abschied vorzubereiten. Irgendwann wird die Zeit zu Ende sein, die ich mit demjenigen teile, den ich regelmäßig besuche. Und je länger die gemeinsame Wegstrecke war, je intensiver die Gespräche und unsere Verbindung geworden sind, desto wichtiger ist es dann auch, den anderen bewusst gehen zu lassen. Man kann dies einüben beim Abschiednehmen am Ende eines Besuches. Es ist ja schließlich nicht selbstverständlich, dass der andere beim nächsten geplanten Besuchstermin noch am Leben sein wird. Irgendwann werde ich vor einer verschlossenen Tür stehen, oder die Schwester auf der Pflegestation wird mir mitteilen, dass diejenige, die ich besuchen wollte, gestorben ist, oder ich erhalte einen Anruf, der mich darüber informiert. Dann wird es zu spät sein, offen gebliebene Fragen anzusprechen, Missstimmungen auszuräumen oder offene Gesprächsfäden wieder aufzunehmen. Lernen, sich auf das Abschiednehmen vorzubereiten kann daher heißen, Dinge, die noch geklärt werden müssen, nicht auf spätere Gespräche zu verschieben oder sich bewusst zu machen, dass der Abschied an der Tür auch der letzte Moment der gemeinsamen Zeit gewesen sein kann.

Wenn dann der Tod die durch den Besuchsdienst hindurch gewachsene Beziehung beendet, gehört der letzte Abschied am Grab zwar nicht zu den Pflichten des Besuchsdienstes, aber wer einen Menschen über längere Zeit begleitet, sollte ebenso bewusst Abschied nehmen wie die Angehörigen. Im

Laufe der Zeit kann eine Nähe und Vertrautheit entstehen, die mitunter über das hinausgeht, was sich zwischen dem nun Verstorbenen und seiner Verwandtschaft entwickeln konnte. Dann verliert der Besucher mit dem Tod der besuchten Person nicht nur eine Aufgabe, sondern er muss auch einen eigenen Verlust verkraften, den Verlust einer Bekannten, eines Freundes, ja vielleicht einer bewunderten, geachteten oder geliebten Vertrauensperson.

Es wird dann darum gehen, bewusst Abschied zu nehmen, die Trauer über den Verlust zuzulassen. Bevor man sich in die nächste Betreuungsaufgabe stürzt, sollte die Dankbarkeit über die gemeinsam verbrachte Zeit und das geschenkte Vertrauen stärker geworden sein als die Trauer über den Verlust. Wenn das Abschiednehmen noch nicht abgeschlossen ist, besteht die Gefahr, dass ich mich nicht wirklich einem neuen Gesprächspartner öffne, den ich an seiner Stelle besuche, sondern in der neuen Besuchsbeziehung nur Ersatz suche für die verlorene Person. Was mir der Verstorbene bedeutete, kann mir niemand ersetzen. Erst wenn ich ihn oder sie zurückgelassen habe, kann ich mich mit echter Offenheit einem anderen Menschen zuwenden, um in dieser Beziehung Neues zu erleben und neues Vertrauen geschenkt zu bekommen.

Kapitel 10

»Wie wirst du mit all dem bloß fertig …?«

Supervision und Umgang mit Belastungen

Der regelmäßige Besuchsdienst bei alten oder kranken Menschen ist, dies haben die letzten Kapitel gezeigt, mehr als nur eine lockere Abfolge von Besuchen. Zwischen Besucher und Besuchtem entsteht eine Beziehung, eine Bindung, die sich im Laufe der Zeit verfestigt, die sich verändern kann, die Schwankungen und Belastungen unterworfen ist und in die sich beide Seiten mit ihrer speziellen Persönlichkeit und Geschichte einbringen. Dabei ist stets offen, wohin sich diese Beziehung entwickelt. Es lässt sich nicht vorhersagen, ob in ihr zunehmendes Vertrauen wächst, ob beide sich mehr und mehr verstehen, voneinander lernen und sich näher kommen, oder ob die Entwicklung in eine andere Richtung läuft.

Es kann sich auch die Situation ergeben, dass eine Folge von Gesprächen zu mehr Distanz und zu Ärger übereinander führt. Am Ende entdecken vielleicht beide, wie wenig man den anderen eigentlich mag und wie unsympathisch man manche Seiten der Person findet, die einem da regelmäßig gegenübersitzt. Da sich eine positive Entwicklung aus der Folge der Besuche nicht automatisch ergibt, kann es auch sein, dass das Unterfangen sich zunehmend mühsamer gestaltet.

Wenn die Beziehung zwischen beiden Seiten erst einmal belastet ist, wird es jedoch auf Dauer schwierig sein, immer wieder die Motivation zum nächsten Besuch aufzubringen.

Da der Besuchsdienst ehrenamtlich geschieht, stellt sich für den Besucher oder die Besucherin am Ende irgendwann die Frage, warum man sich eigentlich die Mühe macht, wenn dabei nur Ärger, Stress oder lauter ungute Gefühle herauskommen. Dann droht das Ende des Engagements im Besuchsdienst oder zumindest der Abbruch der Besuchsbeziehung zu dem Menschen, der zunehmend als Belastung erlebt wird. Doch ein solches Ende der Besuche wäre immer auch ein Scheitern an der Aufgabe und wohl auch mit dem Eingeständnis verbunden, den Besuchsdienst nicht richtig gemacht zu haben.

Nun kann es durchaus sein, dass eine Reihe von Besuchen relativ schnell ein Ende findet, weil beide Seiten irgendwie nicht richtig zueinander finden und sich keine Vertrauens- und Gesprächsbasis aufbauen lässt. Dann sollte vielleicht ein anderer diese Aufgabe fortführen, während man selbst eine andere Person besucht, mit der man besser klarkommt. Schwierig wird es jedoch, wenn sich bereits eine feste Beziehung entwickelt hat, wenn Vertrauen gewachsen ist und man viel voneinander weiß, dann aber das Besuchsverhältnis dennoch zu einer Belastung wird.

Wenn eine solche gewachsene Bindung sich negativ entwickelt, wenn die Fortsetzung des Kontaktes als belastend erlebt wird, dann brauchen Mitarbeiter des Besuchsdienstes Unterstützung, um mit dieser Situation umgehen zu lernen. Dann müssen die Besuchenden eine Möglichkeit haben, über die Beziehung zu den Besuchten nachzudenken, zu reden und sie mit neuen Augen sehen zu lernen.

Wer nicht die Gelegenheit hat, auch mal gleichsam von außen, mit den Augen eines anderen, auf die Besuchsbeziehung zu sehen, der kann unbewusst eine negative Entwicklung vielleicht noch verstärken, statt ihr gezielt entgegenwirken zu können.

Eine solche Möglichkeit, über die eigenen Erfahrungen im Besuchsdienst nachzudenken, bietet zum einen ein Kreis von Besuchsdienstmitarbeitern, der sich regelmäßig zum Erfahrungsaustausch trifft. Noch intensiver ist dies möglich, wenn für diejenigen, die Besuche machen, eine Gruppen- oder, falls notwendig, auch Einzelsupervision angeboten wird. Beides, Mitarbeiterrunde und Supervisionsgruppe bieten die Möglichkeit, die eigenen Erfahrungen zu schildern, auch die eigenen unguten Gefühle zu benennen und so die Probleme, die sich aus einer Reihe von Besuchen ergeben haben, ein Stück weit zu sortieren.

Ich selbst habe es immer wieder als hilfreich erlebt, wenn dann die anderen ihre Sicht der Dinge beisteuerten, mich auf mir unbewusste Verhaltensweisen stießen oder mir einfach spiegelten, wie sie mich erlebten. Erfahrungen, wie man sie in einer Supervisionsgruppe machen kann, helfen dabei, Abstand zu den Problemen zu gewinnen und die Beziehung zu demjenigen, den ich besuche, neu in den Blick zu nehmen.

Aber auch aus den Erfahrungen der anderen zu lernen, ist eine Chance solcher Gruppen. Manche Schilderungen lösen vielleicht in mir selbst ähnliche Erinnerungen aus, und aus der Problemlösung anderer kann ich wertvolle Hinweise und Anregungen für die Gestaltung meines Besuchsdienstes gewinnen. Vor allem aber ist es hilfreich zu entdecken, dass manche Probleme immer wieder auftauchen, weil das Wachsen einer Beziehung zwischen zwei Menschen im Besuchsdienst stets einer Eigendynamik unterliegt, die nur schwer zu kontrollieren ist.

Eines der sich mitunter belastend auswirkenden Phänomene, die häufig dort auftreten, wo zwei Menschen sich auf einen regelmäßigen Besuchskontakt einlassen, nennt man in der psychologischen Fachsprache Übertragung und Gegenübertragung. Wir treten einem fremden Menschen ja nicht ungeprägt, nicht als unbeschriebenes Blatt gegenüber. Wir haben unsere eigenen Erfahrungen mit Menschen gemacht, die in unserem Leben wichtig waren. Wenn wir nun einem zunächst fremden Menschen gegenübersitzen ist es nur natürlich, dass wir unsere Reaktionen, unser Verhalten, an den gelernten Mustern ausrichten. Wir reagieren so, wie wir normalerweise in ähnlichen Situation stets reagiert haben.

Wenn ich zum Beispiel einem älteren Herrn gegenübersitze, der keine Angehörigen mehr hat, dann kann es sein, dass er sich freut, nun in mir einen Besucher zu haben, der ihm den Sohn oder die Tochter ersetzen kann. Oder wenn ich vielleicht einem Angehörigen ähnlich sehe, der nicht mehr lebt oder zu dem kein Kontakt mehr besteht, dann kann es sein, dass der alte Herr, den ich besuche, mich so behandelt, wie er den vermissten Angehörigen behandeln würde. Am Anfang ist die Reaktion bei jedem Besuch herzlich, offen und freundlich, es entstehen schnell ein Vertrauen und eine Nähe, so dass ich mich geradezu in das Leben dieses älteren Herrn hineingenommen fühle. Dies ist die zunächst positive Seite der Übertragung. Ich profitiere von der Freude des Vaters oder Großvaters über den »wiedergefundenen« Sohn, bzw. die »wiedergefundene« Tochter.

Doch die natürlich unbewusst ablaufende Übertragung dieser Rolle hat auch negative Seiten. Vielleicht entdecke ich mit einem Mal, wie das Interesse der Besuchten an meinem Leben steigt, wie ich in Situationen gerate, in denen ich mich fühle, als müsste ich mich rechtfertigen. Vielleicht beginnt der alte Herr, der mir vorher noch so sympathisch war, auf einmal in mein Leben hineinzureden, mir zunächst Vorschläge, dann Ratschläge und schließlich gar Vorschriften mitzugeben, so dass ich mich am Ende fühle, als wäre ich ein Kind, das gehorchen soll. Wenn der von mir Besuchte in mir unbewusst scin Kind sieht und mich nach dem Muster behandelt, wie er mit seinen Kindern umging oder umgehen würde, dann passiert es leicht, dass ich mich am Ende auch in der Rolle des Kindes wiederfinde und so reagiere, wie ich durch meine Kindheitserfahrungen geprägt wurde. Am Ende fechte ich vielleicht mit dem alten Herrn, den ich eigentlich nur besuchen wollte, stellvertretend die Streitigkeiten aus, die ich vormals mit meinem Vater hatte, oder die, die mein Gegenüber mit seinen Kindern nicht zu Ende führen konnte.

In solchen Situationen ist es gut, wenn andere einem dafür die Augen öffnen oder wenn man bei anderen entdeckt, welche Eigendynamik in einer solchen Besuchsbeziehung stecken kann. Wenn man erst merkt, in welche Rolle man sich vielleicht unbewusst hineinbegeben hat, kann man damit auch gezielt umgehen. Wenn ich erst entdeckt habe, wen mein Gegenüber in mir sieht, brauche ich nicht mehr automatisch entsprechend zu reagieren. Ich kann dann z.B. versuchen, mich anders denn als Kind zu verhalten, auch wenn mich der andere väterlich behandelt. Ich kann Ansprüche und Kritik besser abwehren, wenn ich mir in der Situation bewusst mache, ich stehe jetzt nicht als Kind vor meinem Vater, sondern sitze als Besuchsdienstmitarbeiter vor einem älteren Herrn, der sich zwar benimmt, als wäre er mein Vater, der es aber eben nicht ist.

In ähnlicher Weise kann es darum gehen, die eigene Souveränität in der Besuchsbeziehung zu wahren, wenn mir andere Rollen von meinem Gegenüber angetragen werden. Weder bin ich die Zugehfrau, die man mit einem Trinkgeld entlohnt, noch der verlorene Sohn oder die heimgekehrte Tochter, die nun Vater oder Mutter pflegen sollen. Ich kann nicht den verstorbenen Ehepartner ersetzen oder die enge Freundin, die nicht mehr anruft. Um solche Rollenangebote aber wirksam ablehnen zu können, muss ich sie zuerst entdecken und mir bewusst machen, und dafür brauche ich in den meisten Fällen die Möglichkeit, mein Verhalten von außen zu betrachten, also mit den Augen anderer, die ihre eigenen Erfahrungen im Besuchsdienst gemacht haben. Sonst ist die Wahrscheinlichkeit relativ hoch, dass ich auf eine der mir übertragenen Rollen einsteige und mich fortan an dem mir übertragenen Bild messen lassen muss.

Zu ähnlichen Phänomenen kommt es aber auch, wenn ich selbst unbewusst mich dem anderen gegenüber in einer Weise verhalte, die ihn einlädt, eine bestimmte Rolle, zum Beispiel die von Vater oder Mutter, zu übernehmen. Wenn ich selbst unterwürfig und hilflos erscheine, wenn ich nach guten Ratschlägen frage und meine Probleme ungefragt mitbringe, mich also wie ein Kind verhalte, dann schiebe ich dadurch vielleicht der anderen Seite die Elternrolle zu, mit der sie schließlich ebenso überfordert ist, wie ich mit einer mir übertragenen Rolle als Kind.

Wo immer durch Übertragung oder Gegenübertragung ein von früheren Erfahrungen geprägtes Rollenverhalten die Besuchsbeziehung zu prägen beginnt, wird daraus schnell eine Belastung, denn die mit dem übertragenen Bild verbundenen Ansprüche lassen sich in dieser Situation gar nicht erfüllen. Ich will den alten Menschen zum Beispiel als Besuchsdienstmitarbeiter vermutlich nicht unbedingt in meine Familie einladen, wie es doch Aufgabe eines guten Sohnes oder einer guten Tochter wäre, oder ich kann und will ihm die körperliche Nähe nicht gewähren, die ihm der Ehepartner früher gab. Aber solange ich unbewusst eine Rolle übernehme, die mir übertragen wurde, werde ich mich in der Besuchssituation unwohl fühlen, da ich den in mich gesetzten Erwartungen nicht entspreche und auch spüre, dass ich ihnen gar nicht entsprechen will.

Das zeigt sich dann oft an den Wirkungen, die der Besuchskontakt plötzlich in den sonstigen Alltagsbeziehungen des Besuchsdienstmitarbeiters hervorruft. Wenn ich zum Beispiel auf einmal meinen eigenen Ehepartner abweisend behandele, weil ich mich noch gerade im Besuchsdienst bemühen musste, nicht die Rolle des Lebenspartners zugewiesen zu bekommen, sollte mich dies aufhorchen lassen. Wenn ich auf einmal häufiger von meinem Vater oder meiner Mutter träume, weil ich gerade noch von einem älteren Mann oder einer Seniorin so behandelt wurde, als wäre ich ihr eigenes Kind, wird es Zeit, intensiv darüber nachzudenken, welche Rollen»spiele« in der Besuchsbeziehung ablaufen.

All dies sind Zeichen, die einen darauf hinweisen können, dass die Notwendigkeit besteht, darüber zu reden, wie ich mich in der Beziehung fühle, die zwischen mir und demjenigen entstanden ist, den ich besuche. Aus diesem Grund ist es gut, wenn eine Gruppe vorhanden ist, in der ein Raum des Vertrauens besteht und in der auch die Bereitschaft da ist, über die Gefühle, die der Besuchsdienst bei mir auslöst, zu reden und nachzudenken.

Im Idealfall wäre dies zunächst einmal der Mitarbeiterkreis des Besuchsdienstes. In manchen Gemeinden treffen sich die Mitarbeiterinnen und Mitarbeiter, die Ältere und Kranke besuchen, regelmäßig, um über ihre Erfahrungen zu reden. Wo dies nicht gegeben ist, gibt es vielleicht die Möglichkeit, sich mit einem erfahrenen Seelsorger, einer dafür geschulten Pastorin oder einer psychologisch ausgebildeten Person zusammenzusetzen, um die eigenen Erfahrungen im Gespräch zu überdenken.

Wo immer der Besuchsdienst als Belastung erlebt wird – und solche Momente oder Zeiten wird es immer geben – sollten sich die Mitarbeiter nicht scheuen, dafür dann auch den notwendigen Gesprächsrahmen einzufordern. Wer im sozialen Bereich arbeitet, seine Zeit und Kraft einsetzt, um ältere und kranke Menschen nicht sich selbst zu überlassen, der braucht auch für die Belastungen, die sein Dienst mit sich bringen kann, die notwendige Unterstützung. Gerade im ehrenamtlichen Bereich ist deshalb die Begleitung durch erfahrene Seelsorger und Psychologen sinnvoll, damit diejenigen, die ihre Zeit opfern, nicht auch noch mit den Problemen alleine dastehen, die ihr Engagement mit sich bringt.

Doch nicht nur Gesprächskreise oder Supervisionsgruppen bieten einen Raum, die eigenen Gefühle zu überdenken, eine Besuchsbeziehung kritisch zu überprüfen und sich die Augen für das zu öffnen, was unbewusst geschieht. Auch die Lektüre von entsprechender Literatur sowie andere Weiterbildungsangebote in Gesprächsführung, Seelsorge oder Psychologie können wertvolle Impulse geben, über sich selbst und über die begleiteten Personen nachzudenken. Je nachdem, ob man sich im Besuchsdienst mit bestimmten Persönlichkeitstypen auseinander setzen muss oder bei der Begleitung mit den körperlichen und seelischen Folgen bestimmter Krankheitsbilder konfrontiert wird, es ist immer hilfreich, Hintergrundwissen zu erwerben, um nicht jeden Fehler selbst machen zu müssen, aus denen andere bereits gelernt haben. Die Lektüre von Erfahrungsberichten kann ebenso dazu helfen, von den Erfahrungen anderer zu profitieren, wie theoretische Abhandlungen eine Herausforderung sein können, die eigene Praxis kritisch unter die Lupe zu nehmen.

Doch nicht alle Belastungen des Besuchsdienstes lassen sich über den Kopf lösen. Nicht alles, was man tragen und vielleicht sogar ertragen muss, wenn man ältere und kranke Menschen begleitet, lässt sich durch Nachdenken und Gespräche bewältigen. Mitunter ist es auch einfach notwendig, einen körperlichen Ausgleich zur Entlastung zu schaffen. Wenn man lange gesessen und zugehört hat, dann tut es einfach gut, sich ausgiebig zu bewegen, Sport zu treiben, oder sich irgendwohin zu begeben, wo niemand spricht und man mit seinen Gedanken allein sein kann. Jeder muss hier selbst herausfinden, was am besten hilft, wie es am besten gelingen kann, nach einem Besuch die Probleme loszulassen, mit denen man sich gerade noch intensiv beschäftigen musste.

Ein Besuch, bei dem ich aktiv zugehört habe, in dem ich mich für einen anderen Menschen geöffnet habe, den lasse ich nicht automatisch dadurch hinter mir, dass die Tür der Wohnung zufällt. Zuzuhören ist anstrengend, und manches von dem, was ich gehört habe, bewegt mich weiter. Im Anschluss an einen Besuch direkt in die nächste Aktivität hineinzustarten, kann bedeuten, mir selbst die notwendige Entspannung und die Verarbeitungsphase nicht zu gönnen, die mein Körper oder mein Geist nach einem Besuch mitunter einfach braucht. Ich selbst habe es immer genossen, dass mich mein Rückweg von meinem Dienst als Krankenhausseelsorger durch einen Park führte. Hier hatte ich die Muße, den beruhigenden Anblick der Bäume im Wechsel des Jahres zu beobachten und beim Heimweg Kindern beim Spielen und Hunden beim Apportieren zuzusehen. Damit konnte ich ein Stück Abstand zu den zuvor gehörten Problemen, Lebens- und Leidensgeschichten gewinnen.

Doch Abstand zu nehmen und Belastungen loszulassen kann auch auf geistlichem Wege geschehen. Einen alten Menschen, den man begleitet, regelmäßig in die Fürbitte aufzunehmen, ist auch eine Möglichkeit, die mit diesem Menschen verbundenen Gedanken, Sorgen und Gefühle abzugeben, ohne sie zu verdrängen. Gott um das zu bitten, was derjenige oder diejenige braucht, die ich besuche, mir selbst die Kraft für die weiteren Besuche zu erbitten und die weitere Entwicklung der Besuchsbeziehung Gott anzubefehlen, kann helfen, die Probleme nicht größer zu machen, als sie sind. Zugleich lerne ich dabei zu unterscheiden, was an Veränderung und Gestaltung überhaupt in meiner Macht steht, und was nicht. Damit liegt im regelmäßigen Fürbittegebet die Möglichkeit, Belastendes in Gottes Hände zu legen und Kraft zu schöpfen, um beim nächsten Besuch neu motiviert in die Besuchsbeziehung hineingehen zu können.

Letztlich gibt es keine festen, für alle Menschen gültigen Regeln, wie es am sinnvollsten ist, körperlichen und mentalen Ausgleich für die Belastungen des Besuchsdienstes zu schaffen. Der eine nutzt ein warmes Bad, der andere eine kalte Dusche. Man kann Musik hören oder die Stille suchen, joggen, schwimmen oder Fahrrad fahren. Letztlich kommt es darauf an, Momente zu haben, in denen man über sich selbst nachdenken und Distanz zum Besuch finden kann.

Dabei zeigt sich, dass jeder, der einen Teil seiner Zeit anderen widmet, auch Momente braucht, in denen er selbst zu seinem Recht kommt, Momente, um das eigene Leben zu genießen, um aufzutanken und Kräfte zu sammeln. Nur wer sich selbst belohnen kann, wer die eigenen Bedürfnisse nicht übergeht, wird auch auf Dauer wahrnehmen können, was die begleiteten Personen wirklich brauchen. Nur wenn die zeitliche und emotionale Belastung auf Dauer tragbar ist, kann auch die Begleitung der Senioren dauerhaft gelingen. Wenn die Rahmenbedingungen stimmen, dann kann der Wunsch: »Bleib an meiner Seite …« durch das Engagement der Besuchsdienstmitarbeiter eine für beide Seiten gute Antwort finden.

Weiterführende Literatur

ALTERSFORSCHUNG

Zur Lebenssituation älterer und kranker Menschen gibt es vielfältige Veröffentlichungen. Eine grundlegende Einführung in die Altersforschung mit weiteren Literaturverweisen bietet:

REIMANN, HELGA / REIMANN HORST (HG.): Das Alter. Einführung in die Gerontologie, 3., neu bearbeitete Auflage, Stuttgart 1994

Gute Einzeldarstellungen zu den Problemen und Lebensumständen rund um Alter und Krankheit enthält der Sammelband:

OSWALD, WOLF D. / HERRMANN, WERNER M. / KANOWSKI, SIEGFRIED / LEHR, URSULA M. / THOMAE, HANS (HG.): Gerontologie. Medizinische, psychologische und sozialwissenschaftliche Grundbegriffe, 2. überarbeitete und erweiterte Auflage, Stuttgart/Berlin/Köln 1991

AKTIVES ZUHÖREN

Um zu lernen, sich wirklich auf das Gegenüber im Gespräch einzulassen, empfehle ich zwei Bücher von Hans-Christoph Piper. Er analysiert Gesprächsprotokolle, anhand derer man aktives Zuhören lernen kann:

PIPER, HANS-CHRISTOPH: Gesprächsanalysen, 6. Auflage, Göttingen 1994

Die Signale, an denen man erkennen kann, worüber Menschen reden wollen, wenn sie sich aufs Lebensende vorbereiten, werden in ähnlicher Weise vorgestellt in:

PIPER, HANS-CHRISTOPH: Gespräche mit Sterbenden, 4. unveränderte Auflage, Göttingen 1990

GESPRÄCHSFÜHRUNG

Eine allgemeinverständliche Einführung in die psychologischen Hintergründe gelingender und misslingender Gesprächssituationen vermittelt:

SCHULZ VON THUN, FRIEDEMANN: Miteinander reden 1: Störungen und Klärungen. Allgemeine Psychologie der Kommunikation, Reinbek bei Hamburg 1981 [rororo sachbuch 17489]

Gute Anregungen dazu, wie man biblische Motive und Geschichten in seelsorgerlichen Gesprächen sinnvoll nutzen kann, und zur Kunst, ein Gespräch zu beenden, finden sich bei:

Bukowski, Peter: Die Bibel ins Gespräch bringen. Erwägungen zu einer Grundfrage der Seelsorge, 2. Auflage 1995, Neukirchen-Vluyn 1995

BIOGRAPHIEARBEIT

Eine praktische Einführung in den Umgang mit Lebensgeschichten alter Menschen vermitteln:

Osborn, Caroline / Schweitzer, Pam / Trilling, Angelika: Erinnern. Eine Anleitung zur Biographiearbeit mit alten Menschen, Freiburg 1997

ZEITPLANUNG

Zu einer sinnvollen Verwendung des eigenen Zeitbudgets gehört mehr als nur eine gute Zeitplanung. Eine lehrreiche Einführung in die Kunst, Prioritäten zu setzen, und in eine zielorientierte Lebensgestaltung bietet:

Covey, Stephen R. / Merrill, A. Roger / Merrill, Re-becca R.: Auf dem Weg zum Wesentlichen. Zeitmanagement der vierten Generation. Aus dem Englischen von Friedrich Mader, Frankfurt/New York 1997

Diejenigen, die meinen, sie hätten zu wenig Zeit, um sich Gedanken über ihre Zeiteinteilung zu machen, können entsprechende Überlegungen in knappster Form zusammengefasst finden in:

Seiwert, Lothar J.: 30 Minuten für mehr Zeitbalance mit Life-Leadership Konzept, Offenbach 2001

GESPRÄCHE IM KRANKENHAUS

Wie sich Patienten im Krankenhaus fühlen, vermittelt auf gute Weise:

Piper, Hans-Christoph: Kranksein - Erleben und lernen, 6., überarbeitete und ergänzte Auflage, Göttingen 1999

Grundlegende Gedanken zu Haltung und Gesprächsführung am Krankenbett enthält das eigentlich für Krankenhausseelsorger geschriebene Buch von Reinhold Gestrich. Es bietet allgemein verständlich geschriebene Überlegungen zur besonderen Gesprächssituation im Krankenhaus und zu Sinn und Notwendigkeit von Supervision:

Gestrich, Reinhold: Am Krankenbett. Seelsorge in der Klinik, 2. Auflage, Stuttgart 1988

BEGLEITUNG IN DER LETZTEN LEBENSPHASE

Einen Überblick über die Themen und einige kommentierte Literaturvorschläge rund um die Begleitung Sterbender bietet der aus der praktischen Erfahrung der Sterbebegleitung heraus entstandene kleine Sammelband:

Müller, Josef (Hg.): Von Hoffnung getragen. Begleitung von Sterbenden und Trauernden, Würzburg 1996

Für alle die sich intensiver mit dem Thema auseinander setzen wollen, ist nach wie vor unverzichtbar:

Kübler-Ross, Elisabeth: Gespräche mit Sterbenden, 22. Auflage, Stuttgart 1999

Medizinische Informationen über den Vorgang des Sterbens bei verschiedenen Krankheiten sowie Anregungen zum Umgang von Angehörigen und Begleitern mit dem Thema Tod und Sterben bietet:

Nuland, Sherwin B.: Wie wir sterben. Ein Ende in Würde. Aus dem Amerikanischen von Enrico Heinemann und Bernhard Tiffert, München 1994

UMGANG MIT ALTERSVERWIRRTHEIT

Da dieses Thema im vorliegenden Buch nicht behandelt werden konnte, seien hier wenigstens noch zwei Literaturhinweise weitergegeben. Zum einen sei auf Naomi Feil, die Begründerin der Technik der Validation, verwiesen:

Feil, Naomi: Validation in Anwendung und Beispielen. Der Umgang mit verwirrten alten Menschen, 2. überarbeitete Auflage, München/Basel 2000 [Reinhardts Gerontologische Reihe 17]

Eine umfassendere Einführung in die Probleme der Pflege und Begleitung altersverwirrter Menschen bietet:

Grond, Erich: Die Pflege verwirrter alter Menschen. Psychisch Alterskranke und ihre Helfer im menschlichen Miteinander, 8. aktualisierte Auflage, Freiburg 1996